やさしく
わかる

岡嶋裕史の

情報I

JN022342

岡嶋裕史 著

技術評論社

まえがき

「パルスのファルシのルシがパージでコクーン」

　有名なネットミームです。大昔に存在したFF13というゲームを揶揄した言葉です。パルスにもファルシにもルシにもパージにもちゃんとした意味（設定）があって、きっと大真面目で長時間の会議を重ねて世界観を構築したのだと思います。大人の仕事って大変。

　ただ、いっくら大真面目に作っても、伝わらないものはわからないんです。「大作なんだから、ちゃんと世界観を勉強してからプレイしてよ！没入できるよ！」って言われても、ゲーム始めるのにそんなに勉強したくないし。むしろ変な言葉が気になって没入できないよ、って状況になります。

　情報分野もそうなんです。みんなが張り切って技術開発した結果、IaaS、PaaS、SaaSなんて専門用語が大量に産み落とされました。それで、「一般の人が情報技術を好きになってくれない！」って言っています。こんな難しいの、そりゃ誰も好きになってくれないって。

　じゃあ、無視すればいいかというと、そうもいきません。直近ではみなさん定期試験や入学試験で得点を叩き出さないといけないと思いますし、社会に出てからも情報の知識・技術は必要とされます。

　日本は法治国家です。いろいろなしくみが法律をもとに作られています。だから、法律に詳しい人は生きていて得をしますし、詳しくない人はけっこう損をします。経済もそうです。ゲームのルールに詳しい人が、そのゲームの中で得をするのとおんなじです。チュートリアルもやらずにラスボスに突っ込んだら自業自得と言われますが、法律や経済だと意外とやっちまいます。社会に出てから、「ああ、勉強しとけばよかった。俺は損をした」って思います。私も思いました。

　損はしたくないから、学校で法律や経済を学んで社会に出る準備をするのはとってもよいアイデアです。そして、いまはその「社会のしくみ」に情報が食い込みつつあります。

　情報を知らないと損しちゃうんです。せっかく本を買ってくれたみなさんに損はして欲しくないので、楽しんで読み進めてもらえるよう色々工夫しました。太字のところだけを読んで、「低空飛行合格対応参考書」として使っていただいてもいいですし、がっつり読み込んでいただければこの分野の国家資格であるITパスポートや基本情報技術者への入り口としても使えるように設計してあります。

　せっかくの若い時間を「つまらないなあ」と思いながら勉強するのは、ほんとにつまらないです。ぜひ情報技術を好きになっていただいて、人生の選択肢を拓いてください！

2024年2月 岡嶋裕史

CONTENTS

本書は2024年2月時点での最新情報をもとに執筆されています。アプリケーションやWebサイト、Webサービスなどはその後、画面や表記が変更されている可能性があります。

第1講

情報社会の問題解決

情報って何だ?

　目を覚ますと朝日が差していたり、頬に風を感じたりします。世界にはやたらとたくさんのものごとがあります。そのうち、**文字や数字や画像や音声で伝えられるもの**を**データ**と呼んでいます。

　頬に風を感じただけではデータではありませんが、「**風が気持ちいいなあ**」と**文**にしてみたり、**風力3の軟風**だと**数値**にしてみるとデータになるわけです。

　データのうち、それを**受け取った人にとって意味があるもの**は、さらに**情報**と呼ばれるようになります。「コミケが混んでるね」と言っても当たり前のこととして聞き流されますが、「今年のコミケは空いてるみたいだ」と聞けば「マジかよ!?」といき立つ人も現れるでしょう。普段激混みのコミケが空いているというのは異常な状態なので、**特別な意味**を持ちます。すなわち**ただのデータが情報になった**わけです。

データと情報の違い

もちろん、**どこに意味や価値を見出すかは人によって異なります**ので、ある人にとって価値のある情報が、別の人にとっては意味のないデータでしかないこともあります。推し活をしている人にとって、推しのDMアドレスは**垂涎の情報**かもしれませんが、その界隈に興味がない人にとっては**意味のないデータ**でしょう。

　情報が持つ際だった特徴は、以下の4つだと言われています。

情報の4つの特徴

| 1. 形がない | 2. 消えない | 3. 簡単に複製できる | 4. 簡単に広まる |

　各項目は関連しています。**形がない**ので、**口コミのような形で簡単に広まる**わけです。たとえば、家の鍵を落っことしたとして、それが街中の人に広まることはあんまりないと思います。でも、スマホのパスワードをうっかり漏らしたら、クラス中に広まるかもしれません。家の鍵を複製するのはめんどうでお金もかかったりしますが、パスワードが口コミで隣の人に伝わるのには何の苦労もいりませんし時間もかかりません。

　消えないのも不思議な特徴です。たとえば一万円札は使えばなくなります。手元に一万円札は残りません。でも、仮に番号型の電子マネーがあったとして、「君の電子マネー番号はA001だ。番号を告げれば1万円分の買い物ができるぞ」と言われて、お店Aで一万円の買い物をしたとします。このとき、「A001」という自分の番号を忘れるわけではありません。すると、「使っちゃった事実が伝わらないうちに、お店Bに行けばもう一度一万円の買い物ができるかも!?」などという**不正の余地**が出てきます。実際に電子マネーを設計している人たちが苦労しているポイントなんです。

こうした特性はあまり自分の生活とは関係がないと思えるかもしれませんが、実は社会の様々な場所に影響を与えています。たとえば、アイドルがグループ化したのは**情報技術が進歩**したからだと思います（アイドルというのは1人でやるものだった時代があるのです）。

アイドルビジネスで一番儲かるのは円盤商法の部分です。丸いもの、すなわち**CD**や**ブルーレイ**を売ると彼ら／彼女らはがっぽがっぽと儲かります。なので、推しがいるならば、どちらかというとヲタ芸を見せるよりはCDを買ってあげた方が喜ばれます。

CDは高いので、「安く**コピー**できないかなあ」と考える人は昔からいました。たとえば大昔には**カセットテープ**という**音楽記録メディア**があって、友だちから借りたCDをカセットテープにコピーしたりしたのです。

でもオリジナルであるCDに比べると、コピーしたカセットテープは音質が悪いし、楽曲の選曲にも時間がかかりました。そもそもカセットテープ自体もけっこう値段が高く、コピーするのにも時間がかかったのです。そのため、やっぱりお金を払ってでもCDを買おうという人がたくさんいたしました。

しかし、**情報技術が進歩**したことによって、まったく**音質が落ちない完璧なコピー**を、すばやく、タダで作れるようになりました。たとえば、CDを**音楽ファイル**に**リッピング**したとして、設定によってはCDと同音質にできます。しかも、CDは持ち運びが不便なのに、音楽ファイルなら手元のスマホに1万曲でもぶち込めます。選曲もCDより音楽ファイルのほうが速いです。オリジナルとコピーが同じか、下手をしたらコピーのほうが価値が高くなってしまいました！　これでは誰もCDを買いません。実際、CDは売れなくなりました。

ワンポイント

リッピング
CDやDVDに入った音声や動画のデータを抽出し、パソコンで扱えるファイルに変換すること。

アイドルやアーティストもボランティアでやっているわけではないので、どこかでお金を払ってもらわないと仕事になりません。みなさんであれば、「CD

に変わる、何か別の商品を考えなきゃ」と言われたら、何を思いつくでしょうか。**簡単にデジタルデータにできるもの**はダメです。すぐにコピーされてしまいます。試行錯誤ののち生み出されたのが**握手**という商品でした。あれはいい商品です。情報技術の力ではコピーしにくいですから。**コピーできないオリジナル**には**稀少価値**が出て、みんなお金を払ってくれます。彼ら／彼女らはまた儲けられるようになりました。

　でも、握手でお金が手に入るのであれば、手の数は多い方がいいです。1人で1時間握手をして稼げるお金と、46人で1時間握手をして稼げるお金はだいぶ違います。したがって、ビジネスを維持するために、アイドルはグループにならざるを得なかったと考えます。

　もちろん、これは私がそう考えていることであって、もっと別の説明の仕方もあります。大学の社会学部あたりで教えてくれそうな説明は、「**社会の構造が変わった**」です。**みんなが同じ価値観を信じている「大きな物語」的な社会**から、**みんな違ってみんないい、多様性がだいじ、の「ポストモダン」的な社会**に社会構造が変わりました。過去には大学入学共通テストの国語の問題でも取り上げられたことがあるテーマなので、知っている人も多いかもしれません。

　「大きな物語」的な社会だとみんなの好みが似ているので、たとえば「筋肉質なイケメン」「黒髪で色白の人」などと理想像を絞ることができました。それに近い人を1人連れてきて、アイドルですと商売を始めることもできたのです。

　しかし、「ポストモダン」的な社会になると、みんな違ってみんないいいなので、そもそも恋愛をしなかったり、恋愛対象も別に異性でなくていいとか、いっそ物が恋愛対象でもいいという話になってきます。

　そんな時代に1人の人間が多くの人の理想を演じるのは無理があります。したがって、たくさん人を並べて「これだけ人がいれば誰かは好きでしょ？」という売り方になったというわけです。

　どちらの説明が本当か、あるいはもっと別の説明がありそうかなど、是非自分で考えてみてください。知っておいて欲しいのは、「**情報**」や「**情報技術**」は**今の世の中に大きな影響を与えていそうだ**ということ、これらを理解することで**より楽しく生きることができ**たり、**物の見方が変わったり**することもあるということです。

単元❷ メディアって何だ?

　情報は「**形がない**」ので、何かに仲介してもらわないと残したり、伝えたりすることが難しいです。その**仲介物のこと**を**メディア**と呼びます。メディアは**ミディアム**（**中間**）から来ている言葉です。あの、ステーキを焼くときのレア（あんまり焼かない）とウェルダン（すげー焼く）の中間にあるミディアムです。ちなみにアメリカあたりでステーキを頼むときは、とりあえずミディアムにしておくのがいいと思います。日本のレストランと違って、レアだとガチで生みたいなのが出てきますし、ウェルダンだと靴底かよって思うくらい焼き滅ぼしたものが出てきます。

　ただ、仲介物と言われてもよくわからないですよね。メディア学で神様みたいに言われることもある**マクルーハン**という偉人は、**人間を取り巻く物はみんなメディアだ**とか言い出したこともあって、そうすると車や飛行機もメディアになってしまいます。マクルーハンは「**メディアはメッセージだ**」とか「**メディアはマッサージだ**」とか意味のありそうななさそうなことを言って他人を煙に巻くのが好きだった人なので、勉強するのは進学してからでいいでしょう。

　なので、高校で情報を習う段階では、**メディアには次の3つがある**と考えておいてください。

1. 表現に使うもの

| 静止画 | 動画 | 音声 | 文字 | 踊り |

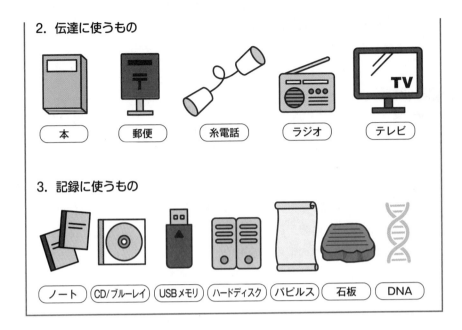

2. 伝達に使うもの

本 郵便 糸電話 ラジオ テレビ

3. 記録に使うもの

ノート CD/ブルーレイ USBメモリ ハードディスク パピルス 石板 DNA

　これは便宜的な**分け方**です。たとえば「**本**は**伝達に使うもの**」に分類されていますが、「**記録に使うもの**」としての性質ももっています。

　他にも、**一方向しか通信できないのか**（例：**テレビ**）、それとも**双方向で通信できるのか**（例：**SNS**、**メール**）、双方向で通信できるとして**送信と受信が同時にできるのか**（例：**チャット**）、**交互でないとできないのか**（例：**糸電話**、**トランシーバ**）といった分け方などがあります。状況に応じて、その場に適したメディアを使い分けることが大事です。

　情報を送る人は、メディアに載せやすい形に**情報を変形して記録**します。そして、**情報を受け取る人**はメディアに記録されている情報を自分の**パソコンやスマホで見られる形に再変形して消費**します。

　そのため、**必ずしも同じ情報を見ることができるわけではないことに注意**が必要です。送信する人のパソコンでは表示できる文字が、メールというメディアでは使えない文字であったため**文字化け**した、という経験をしたことがある人もいると思います。

　また、写真を送ったとき、受信者Aは性能の高いパソコンで受信したのでオリジナルの解像度そのままに見ることができたけれど、受信者Bは性能の低い

モバイル機器だったので**解像度**が低いぼやけた写真として表示された、といったことも生じます。

テレビで、正確な時刻を告げる時報を放送しなくなりました。綺麗な画像を効率よく送るために、今のテレビは**画像データ**を**圧縮**して放送しています（メディアに載せやすい形への**情報の変形**です）。それを各テレビが元の画像に戻して表示するのですが、元に戻すのが速いテレビや遅いテレビなどが混在しているので、同時に時報を鳴らすのが難しくなったためです。

メディア自身が持つ**情報の偏り**（**バイアス**）についても、気をつけないといけません。たとえばテレビ番組には制作費を出してくれるスポンサーがついています。スポンサーがいないと番組を作れません。すると、テレビ制作をしている人がどんなに中立なつもりでも、知らず知らずのうちにスポンサーに都合の悪い情報を番組の中に盛り込まないといった偏りが生じることがあります。

また、言いたいことを重視するあまり、**詐欺のようなグラフ**を用いるような例もあります。

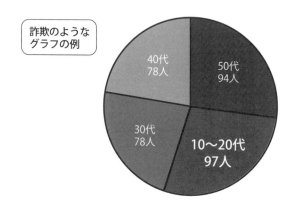

詐欺のような
グラフの例

40代
78人

50代
94人

30代
78人

10〜20代
97人

「若者が悪い」ことを言いたいために、このグラフを作ったのでしょうが、他の世代は10歳区切りなのに10〜20代だけ20年分を一区切りにするのは公平ではありません。こうした見せ方は**チャートジャンク**と呼ばれ、**人を間違った結論に誘導する悪いグラフ**と考えられています。自分でグラフを作るときに事実が歪むようなグラフを作らないのはもちろん、他の人が作ったチャートジャンクに誘導されない力をつけましょう。テレビや新聞にもチャートジャンクはよく現れます。

　情報の偏りが発生しやすいものに、SNSがあります。SNSは基本的に「同じような人、話のあう人を集めて快適な時間を過ごす」ためのサービスです。**X（ツイッター）**はちょっと違うだろうと思うかもしれませんが、Xはもともとは自分たちのことを「SNSではない」と言っていたので、除いて考えてみてください。

　同じような人しかいなければ、利用者は話がはずんで楽しいですし、何を言っても「いいね！」してもらえるかもしれません。その結果、長い時間をSNSで過ごします。事業者は長い時間をSNSで過ごしてもらえば広告をたくさん見てもらうことができ、**広告収入**が入ります（SNSの会社の儲けのほとんどは広告収入です）。

　そのため、SNSは長くいてもらうために、「その人にとって気分がよくなる情報」しか見せないのが基本です。似たような人をあつめてグループの中に囲い込み、**気持ちのいい情報しか見えない状態**にすることを**フィルターバブル**といいます。

　フィルターバブルの中にいると、本当は世界にはいろんな飲み物が好きな人がいるのに、「まるで人類全体がコーラ好き」であるかのように**錯覚するような現象**が起こります。しかも他の情報が見えないので、「自分の考えは偏ってるかな？」と気づくことは難しいのです。むしろ、コーラ好きの意見ばかりを目にすることで、「コーラは最高の飲み物だ！」という思い込みが強くなっていきます（**エコーチェンバー現象**）。

SNSにおけるフィルターバブル

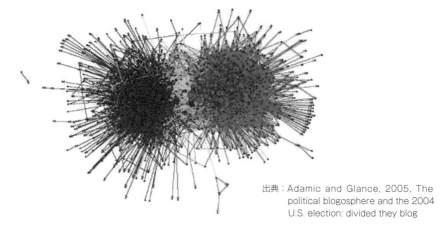

出典：Adamic and Glance, 2005, The political blogosphere and the 2004 U.S. election: divided they blog

　これはSNSにおける**アメリカの民主党支持者のグループ**と、**共和党支持者のグループの様子**を図にしたものです。民主党支持者には「世界には民主党を支持している人しかいない」ように見えたことでしょう。共和党支持者もそうです。それなのに実際の選挙で自分の陣営が負ければ、「そんなはずはない。きっと不正が行われたんだ」と考えてしまうのはある意味で自然なことかと思います。

　日常生活でも、フィルターバブルがコーラ好きとコーラ嫌いを完全に分断していればいいのですが、たとえばX（ツイッター）のように色々なグループをつなぐ効果があるサービスもあるので、「あっちでコーラを嫌いだって言ってる奴がいる」「コーラは最高の飲み物のはずなのに！」と簡単に炎上が起きたりします。なかにはわざと喧嘩になりそうなバブル同士をつないでアクセス数を増やし、お金儲けをすることを仕事にしている人もいるので気をつけましょう。

問題を解決する方法

　私たちのまわりは問題に満ちています。冷蔵庫では牛乳が不足し、隣の席の人とは意見があわず、先生が出す宿題は多すぎるかもしれません。

　問題の解決に乗り出すときに自己流でやると、うまく行くときとそうでないときの差が激しいので、**体系的な手法**を使って解決をします。

- **問題の発見**

　問題って、**現実**（As-is）と**理想**（To-be）の**ギャップ**のことです。このギャップを見つけます。

- **問題の分析**

　問題って、たいてい**複数の要因**で起こっているので、それを**見つけたり重要度を整理**したりします。**可視化**や**数値化**、**モデル化**などを行います。

- **解決策の提案**

　ここまでの分析を踏まえて、**問題を解消する案**を考えます。複数の案を比較するなどして、解決策の精度を高めます。比較のためには**各要素を数値化**したり、直感に頼らず**証拠（エビデンス）を元に考える**ことなどが重要です。

- **解決行動**

　実際に解決策を実行します。

- **振り返り**

　ここが大事です。解決策ってたいていやりっぱなしで終わりますが、**本当に効果があったか検証**して、**効果がなかった場合は是正**します。次の問題を解決するときにも振り返りで得た知識が役に立ちます。

こうした一連の活動をわかりやすく**モデル化**したものに、**PDCAサイクル**があります。**Plan**（計画）→**Do**（実行）→**Check**（評価）→**Act**（改善）の順番で仕事をしていくとうまくやれるぜ、というモデルです。サイクルですから1回で終わるのではなく、CheckやActで得られた知識を踏まえて次の仕事のPlanに活かす作業を**何度も何度も繰り返して**理想の状態に近づけていきます。

なお、**悪い大人が考えるPDCAサイクル**は次のようになります。

同じPDCAサイクルですが、仕事を頼まれたら取りあえず**放置**（procrastinate）して、だんだん気まずくなってきたら**引き延ばし**（delay）、怒られたら**ごまかし**（cheat）ます。にっちもさっちもいかなくなったら最終的には**謝って**（apologize）すませます。私はたまにやりますが、みなさんはこんな大人にならないでください。

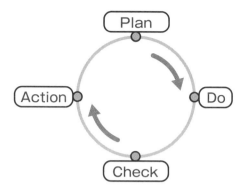

PCDAサイクル

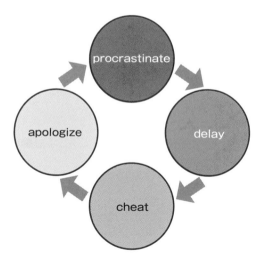

悪いPCDAサイクル

単元❹ 情報の収集と分析

　インターネットで情報収集をするのは手軽で便利ですが、特性をよく理解して使わないとバイアスがかかったり間違った情報を取得したりすることがあります。インターネット上には無数のWebサイトがありますが、数が多すぎて欲しい情報に到達するのは難しくなっています。そこで**検索語（キーワード）**を入力すると、その検索語と相性のいいWebサイトを教えてくれる**検索エンジン**が登場しました。

　検索エンジンには、**Webサイト自ら「情報を登録して欲しい」と名乗りを上げる登録型**と、**検索エンジン自身がクローラと呼ばれるWebサイト自動巡回システムを使って情報を収集する自動収集型**の2種類があります。サイトの登録数に大きな開きが出るので、多くの利用者が集まるのはグーグル先生などの自動収集型です。ちなみにクローラの語源は水泳のクロールと一緒です。広大なWebの海を這いずり回って情報をかき集めてくるわけです。

　1つのキーワードだけだと、どのWebサイトを表示すると利用者に満足してもらえるのか、検索エンジンも手がかりがつかみづらいです。そこで、**複数のキーワードを組み合わせて、AND検索、OR検索、NOT検索**などを行います。

複数のキーワード（検索語）の組み合わせ

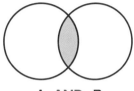

A **AND** B
AとBが
含まれる

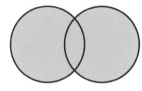

A **OR** B
AまたはBの
どちらかが含まれる

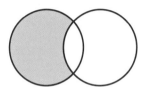

A **NOT** B
Aを含みBは
含まない

検索エンジンは検索語を**一定の手順にしたがって評価**することで、関連するWebサイトを**順位付けして表示**します。検索エンジンも万能ではないので、あまり関連していないWebサイトが示されることもあります。

　また、上位の順位にWebサイトが表示されると、それだけ人を集めることができ、商売がうまくいくなどの効果が生じるので、企業はなんとか**自社Webサイトが表示される順位を上げようと努力**します。この行為を**SEO（検索エンジン最適化）**といいます。

　行きすぎたSEOが行われると、検索語とまったく関係のない、広告だらけのWebサイトが表示されるケースなどが増えてきます。検索エンジン側は一定期間で順位付けの方法を変えるなど、適切な検索結果を維持する工夫をしています。

　検索エンジンを使えば、すべての情報に到達できるわけではないことにも注意しましょう。良質なサイトで、自分が探している情報にぴったりでも、クローラの受け入れを拒否していて**検索結果に表れないサイト**などがあります。

　どんなに素晴らしいWebサイトでも、検索結果として表示されないと、多くの人にとっては存在していないことと同じになってしまいます。情報を収集する場合は、**SNS**や**動画**はもちろん、インターネット以外の**テレビ**や**ラジオ**、**新聞**、**書籍**、**インタビュー**といった情報源も**バランスよく活用**しましょう。

　集めた情報は整理したり、**表**や**グラフ**などに**可視化**することで、有益な発見をできる可能性が高まります。

　コンピュータを使うことで、**膨大な情報（ビッグデータ）**から傾向や規則性を発見する**データマイニング**がビジネスの世界で活用されています。「おむつとビールを並べておくと、なぜかよく売れる」といった、人間では気づけなかったような隠れた法則を発見するわけです。

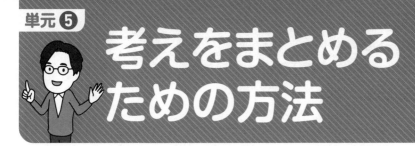

考えをまとめる ための方法

考えをまとめるためには、まず「考え」をたくさん思いつくことが必要です。ないものはまとめられないからです。仕事などでは、よく次の3つの手順を使います。

1. 考えを膨らませる
2. 考えを可視化する
3. 考えをまとめる

考えを膨らませるためによく使われるのが、ブレーンストーミングです。大学の授業でも、会社の入社試験でもやたらやらされます。気取ったビジネスパーソンは、ブレストなどと省略します。

はた目にはふつうの話し合いなのですが、「考えを膨らませる」のが目的なので、4つの原則があります。

原則1　批判厳禁

批判されるとわかっていたら、発言しにくいです。私なら一生だまっています。そこで、多くの意見が出るように、批判を禁じます。批判しないといけないようなケースでも、なるべく話が膨らむようにします。

・**12時間ぶっ通して勉強するべきだ**
➡ トイレのない施設でそんなの無理だろう … ✕
➡ トイレはないが、12時間の途中で行きたくなったときどうすべきか … 〇

原則2　自由奔放

どうしょうもないと思える意見や、笑いものにされるような意見も歓迎します。

原則3　質より量

いい意見より、たくさんの意見を出すことを重視します。

原則4　結合改善

他人の意見に乗っかると、「調子がいいな」とか「パクったな」とか言われがちですが、ブレーンストーミングでは出てきたアイデアをくっつけたり、便乗したりすることで発展させます。

　考えを可視化するには、**マインドマップ**などの手法を使います。マインドマップは出てきたアイデア同士の関係を表すもので、**たいてい木のような図**になります。主要なアイデア（幹）〜そこから派生したアイデア（枝や葉）といった感じです。

　拡げたふろしきはいつかたたまないといけません。**たくさん出てきたアイデアをまとめて、一つの発想に集約するとき**は**KJ法**などが用いられます。KJ法では**カード**を使い、その**1枚1枚**に**アイデア**を書いていきます。**似ているカード**を**グループ化して見出し**をつけ、さらにそのグループのうち**似ているものをまとめて大グループにし**……と何回か繰り返します。さらに大グループごとの関係を整理して、**重要度の順番をつける**などすると重要な情報があぶり出されます。

マインドマップ

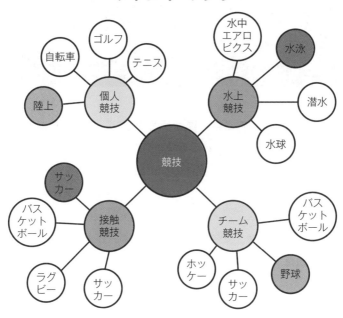

KJ法

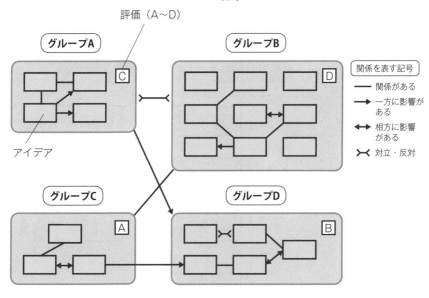

単元 ⑥ 知的財産

お金や土地、高いツボなどは、ぱっと見で「財産だ！」とわかるので、盗まれないようにしたり、売買したりするのが簡単です。

しかし、**アイデア**や**技術**など**実体のない財産**も増えています。たとえば身近なところで、学園祭の文集にうっかりアニメのキャラクタを使い、「版権画像使っちまった！　あとでなんか請求が来るかも」と恐怖したことはないでしょうか。こうした財産を**知的財産**（IP：Intellectual Property　→　インターネットの通信プロトコルのIP：Internet Protocolとは違うので注意！）といいます。

知的財産権の体系

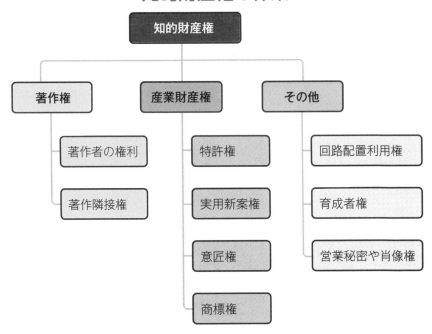

知的財産も「**情報の特徴**」を色濃く持っています。車を盗むのは大変ですが、キャラクタなどはちょっと見ただけで真似されたり、コピー品を作られたりするかもしれません。そのため、家やツボなどとは違った保護の仕方をする必要があり、知的財産権としてまとめられています。

知的財産権は大きく2つに分けられます。**著作権**と**産業財産権**です。

著作権はもともと**文学**、**音楽**、**学術**、**美術**などを守るものでした。**作者の思想や感情を創作的に表現するこれらを著作物**といいます。日本の**著作権法**では、**著作物を作った時点で権利が発生**し、**作者の死後70年までの間は権利が持続**します。

著作権はさらに、**著作者人格権**（作品に氏名を表示する権利や、作品を無断で改変しない権利など）と**著作財産権**（本やCDにして**売る権利**など）に分けることができ、著作財産権は**譲渡**（**売買**）や**相続**ができますが、**著作者人格権はできません**。

プログラミング言語や**データベース**、**数学の解法**などには**一般的に著作権が発生しません**。プログラミング言語を用いて作ったプログラムは、**創作性**があれば著作物になります。創作性がポイントなので、**誰が作っても同じになる**ようなプログラムは著作物ではありません。

誰かが作った**著作物を使う場合**は、**著作権を持つ人の許可**が必要です。たいていは費用が発生します。でも、**一定の条件**に該当すると、**許可なしで著作物を使う**ことができます。最も身近な事例は、**作文やレポートへの引用**です。

もちろん、学校の作文だったら何でもかんでも引用していいわけではなく、ちゃんとルールがあります。

引用のルール

- 引用する**理由がある**
- 引用するのは著作物の**一部**である
- 引用した箇所と、他の文章が**明確に区別**できる
- 引用部分には**手を加えない**
- どこから引用したのか（**出典**）を明記する

引用することによって、レポートの主張に証拠が加わるなど、**引用には理由が必要**です。また、1000字のレポートのうち800字が引用だったり、もとの本が30ページで、うち29ページを引用しました、といった使い方はおかしいです。

　地の文と**引用部分が区別できなかったり、どの本から引用してきたのかわからない**ような引用の仕方も厳しく咎められます。また、引用部分は**改変してはいけません**。それが許されると、自分に都合良く書き換えてしまえるからです。これらを守ってはじめて、許可なしで引用をすることができます。

　無断引用という言い方が悪口として使われることがありますが、本来はおかしな使い方です。すでに述べたように、条件を満たして、ルールを守っていれば、作者に無断で引用してもいいからです。

産業財産権の体系

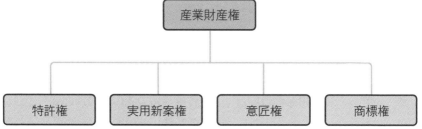

　特許権は**発明**（自然法則を利用した技術的思想の創作のうち高度のもの）を守る権利です。

　実用新案権は高度じゃなくてもいいことになっています。ただし、**物品の形状等に係るもの**のみが対象です（特許だとプログラムも含まれます）。**意匠権**は**物品のデザイン**、**商標権**は**商品やサービスのマークを保護**する権利です。これらの産業財産権は**特許庁**に出願して認められることで、権利が発生します。

個人情報

　ここ、高校の教科書にけっこう怪しいことが書いてある単元なので、**注意しながら進めていきましょう**。大学の先生も、入試の問題を作るときには高校の教科書を見ながらやるので、「えっ、これ間違ってないか？」と思っても、教科書に書いてあることを正解にします。

　だから入試対策としては、安心して教科書を暗記していって大丈夫なのですが、間違いを覚え続けるのもどうかと思うので、その辺も含めて解説しますね。

　まず**個人情報**というのは、**生存する個人に関する情報**で、そこに含まれる**氏名**、**生年月日**、**パスポート番号**、**マイナンバー**や、**指紋**、**顔認証**などによって「あ、あの人のことだ！」と**特定できるものすべて**です。

　教科書によっては個人情報の例として氏名や住所、生年月日をあげていますが、それより**ずっと範囲が広いイメージ**を持ってください。それに、氏名が漏れるより、「ふだんこんないやらしい本を読んでいるのか！」といった情報が漏えいするほうがずっと嫌ですよね。その「いやらしい本を読んだ記録」に氏名や電話番号が含まれていることで、「あの人はこんな性癖があるのか！」とバレることがこわいわけです。「個人情報とは氏名や電話番号のことである」と覚えてしまうと、この辺をうまく理解できなくなってしまいます。

　もっと言えば、個人情報を保護しなきゃ！というとき、「秘密を守りたいから」も理由の一つですが、**関係ない情報で自分が評価されてしまうことを防ぐ**のが大きな目的です。

　大学の入試で、試験の点数だけで合否が決まるはずなのに、「こんないやらしい本を読む奴は、不合格にしてやる」なんてやられたら嫌ですよね。個人情報が漏れると、そんな可能性が出てくるわけです。

　個人情報を取り扱う企業やお店は**個人情報取扱事業者**と呼ばれ、**個人情報**

を保護する義務を負います。利用目的を明確にし、目的と関係ない個人情報は集めません。これらに**違反**したり、**流出**させたりすると**罰則**が待っています。

　ただし、個人情報は上手に活用すると、社会のムダをなくしたり、もっといい商品を開発したりするときの助けになります。秘密にしつつ、活用もするというのは難しいですよね。日本の**個人情報保護法**では原則としてオプトインの考え方が採用されていますが、次のことを個人に**明示**し、個人情報保護委員会に届け出れば、**オプトアウト**による**個人情報の第三者への提供**をしてもいいことになっています（ただし、病歴などの要配慮個人情報は、必ずオプトインにしないといけません）。

- 個人情報を第三者に提供すること
- 保有する個人情報のうち、どこを第三者に提供するか
- 個人情報を取得・提供する方法
- 本人の求めがあれば、提供をやめること
- 本人の求めを受け付ける方法

　オプトインとはあらかじめ同意を取り付けることで、**オプトアウト**というのは**あとから断れること**です。広告などの分野でも使われる用語です。「オプトインなので、あらかじめ同意した人にだけ広告メールを送っています」「オプトアウトなので、取りあえず広告メールは送っちゃいますが、嫌なら拒否してください。拒否の仕方は明示します」といったふうです。

　個人情報を漏らすのは何も事業者ばかりではありません。そうとは気づかず、**自分自身で漏らしてしまう**ことも多々あります。特に多くの人の目に触れる場は要注意です。何の気なしにアップした写真に**GPS（位置情報）**や**日付情報**が含まれていて、「おー、×月○日にあの場所にいたのか。学校さぼったんだな」と知られたり、「いま△にいるのか。ってことは家は留守だな。そうだ、どろぼうに入ろう」といった意志決定をされる恐れがあります。

　断片的な情報でも、一箇所に集めると色々なことがわかるのが個人情報のこわさです。ちょっとした映り込みの背景からでも、自宅などを特定されることがあります。**発信する情報をコントロールできる力**を身につけましょう。

情報セキュリティ

セキュリティってよく言うのですが、どんな意味でしょうか？ **パスワード**を隠しておくことでしょうか。**ウイルス対策ソフト**のことでしょうか。それともクラブの入り口に立っている黒服のお兄さんのことでしょうか。

情報の分野ではセキュリティを、「**情報資産を脅威から守り、安全に経営を行うための活動全般**」などと説明します。もうちょっとかみ砕くと、「**大事なものを危険なことから守り、安全にくらすためのあれこれ全部**」くらいです。かなり範囲が広いぞ、と思ってください。

用語の解説をしましょう。

- **情報資産**　守るべき大事なものです。パソコンや個人情報はもちろん、ブランドや評判など気づきにくいものも含みます。
- **脅　威**　情報資産を脅かすものです。
- **脆 弱 性**　脅威に対して、自分が抱えている弱点です。

ポイントは**情報資産ごとに脅威や脆弱性が異なること**です。お金であれば、どろぼうが脅威で、かぎをかけていないことが脆弱性になるかもしれません。でもこれがパソコンになると、落雷などが脅威になってきます。個々に違う対策を考えないといけないので、セキュリティは難しいのです。

「安全にしよう！」といっても、なかなかピンとこないので、ふつうはセキュリティの反対語として**リスク（危険）**を考えます。幼稚園の子に「道を安全に歩こうね」といっても難しいですが、「あそこに吠える犬がいるよ」と教えてあげれば回避できます。セキュリティを強く！はわかりにくいので、**リスクを減らすこと**で結果的に**安全**にします。

実は**情報資産**と**脅威**と**脆弱性**が「**リスクの3要素**」と呼ばれていて、これが

3つ揃うととっても危険な状態になります。

　資産がなんでリスクなんだ？　と不思議に思うかもしれませんが、お金を持っている人と持っていない人では、持っている人のほうがどろぼうに狙われますよね。

リスクの3要素

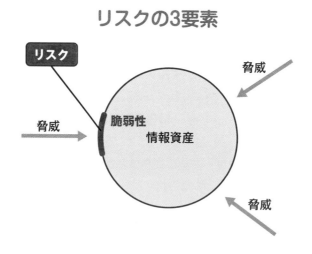

　情報資産と脅威と脆弱性のうち、何かを抜いてあげるとリスクを大きく減らせます。どれでもいいのですが、「お金をすてちゃう」（**情報資産**）のも、「どろぼうのいない社会を作る」（**脅威**）のも困難なので、ふつうは「鍵のかけ忘れ」（**脆弱性**）をなくすことでリスクを減らします。

　情報セキュリティの3要素についても、覚えておきましょう。英語で表現したときの頭文字をとって、**情報セキュリティのCIA**とも言います。

・**機密性**　認められた人しか使えない
　　　　➡**パスワード**などで守る
・**完全性**　情報が書き換えられたり、欠損していたりしない
　　　　➡**デジタル署名**などで守る
・**可用性**　使いたいときに、いつでも使える
　　　　➡**バックアップ**や**冗長化**で守る

何かを守ろうとするときに、**法律**を作るのはよくあるパターンです。しかし情報セキュリティの場合は、何を守るべきなのかや、何をすべきなのかが業界や企業によってまったく異なるためなかなか法律で守りにくい状況です。そこで、個々の企業ごとに**方針**や**ルール**、**ガイドライン**、**管理のしくみ**を作ることが推奨されています。この方針や**ガイドラインのこと**を**情報セキュリティポリシー**といいます。法の枠組みが**憲法**、**法律**、**条例**と階層構造になっているのと同様に、情報セキュリティポリシーも**基本方針**、**対策基準**、**実施手順**から構成されます。大方針を決める基本方針、それを具体化する対策基準、細かい手順をマニュアル化した実施手続です。

情報セキュリティポリシー

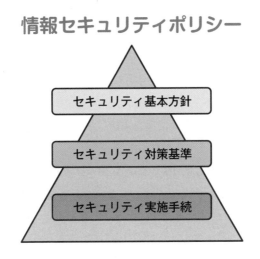

　セキュリティを脅かす具体的な攻撃方法としては、**不正アクセス**やパスワードの**盗聴**などが思い浮かぶかもしれません。不正アクセスはパスワードなどで**保護されたコンピュータを、権利がないのにネットワーク越しに使うこと**です。不正なパスワードを入力してみたり、他人のパスワードを**漏えい**させたりしても**不正アクセス禁止法違反**になります。

　パスワードの**盗聴**は、暗号化せずにネットワークに流したものを読み取るといったの古典的な方法から、まずスマホをハックして、そのスマホの振動センサの情報を読み取り、スマホの隣でパスワードを入力しているキーボードの振動を観測することでパソコンのパスワードも盗む、といった方法まで出現し

ていて、常に進歩し続けています。銀行のATMを温度センサーでスキャンし、前に使った人の指の残熱から暗証番号を推測するなどの手法も定番です。

　ただし、被害が多いのは**人間の錯覚やミスなどを利用**する**ソーシャルエンジニアリング**です。ATMの暗証番号入力の様子を**肩越しにのぞき見るショルダーハッキング**などが典型例で、パスワードなどの**重要情報をごみ箱から回収するスキャビンジング**などもよく使われる手法です。

　情報技術は大きな力を私たちに与えてくれます。でも、大きな力を簡単に使えすぎるのは、時としてリスクになります。剣で人と戦えるようになるまでには長い年月がかかるでしょう。その年月の間に、**容易に人を傷つけない**といった**モラル**も獲得できると思います。

　しかし、核兵器のボタンは幼稚園の子でも押すことができます。幼稚園の子に核兵器を起爆させないモラルを期待することは難しいでしょう。

　情報を発信することは、以前は限られた人たちだけが行使できる力でした。テレビや新聞の関係者は、「この情報を発信したら、どんなことが起こるのか」を十分に教育された上で仕事をしました。

　でも、いまは小学生でも**SNS**や**ユーチューブ**で**世界に情報を発信**できます。そこで人を怒らせたり**炎上**が発生するのはある意味で当然のことかもしれません。何も習わないで、そんなに大きな力をふるえば副作用が必ず生じます。

　何もかもをモラルで解決することはできません。しかし、技術をもっと洗練させたり、いいルールを作ったりするのと並行して、**情報技術を使う人がモラルやマナーを身につける**ことも必要です。それが自分の身を守ることにつながります。

情報技術の光と影

　情報技術を使うことで、社会はすごく便利になりました。**電子商取引**で、夜中でもベッドのなかから**電子書籍**を買って、その場で読み始めることなどができますし、ピザを頼むのも模擬試験を申し込むのもスマホだけでできます。ピザがいまどのくらい焼けているか、ピザを載せたバイクがどこを走っているのかまで**GPS（全地球測位システム）**や**GIS（地理情報システム）**と連動してリアルタイムで教えてくれるサービスもあります。

GPSとGIS

GPS

基準局　　GPS受信機　　GPS受信機

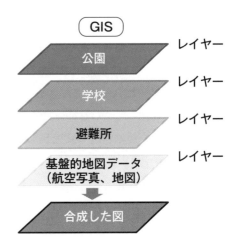

GIS

レイヤー
公園

レイヤー
学校

レイヤー
避難所

レイヤー
基盤的地図データ
（航空写真、地図）

合成した図

電子マネーを使うことで、電車に乗るときも路線図を見て運賃を確認することもなくなりましたし、離れた友だちにお金を送金することも、お店で物を買うこともできるようになりました。場所にもよりますが、**現金をいっさい使わずに暮らしていくこと**も可能でしょう。

お店にはメニューを置かずに、**QRコード**を読み取ってスマホで見せる形式なども増えました。**IC にアンテナをつけた IC タグ**を使って**非接触でデータをやり取りする RFID** を用いることで**商品管理**を行い、**物流**などの効率や正確性は上がりました。なかには商品をぽんぽんカゴに入れてレジを通さずにお店を出て行くと、RFID で購入した商品を識別し、電子マネーで決済をすませるような店舗まで現れています。

QRコードとRFID

QRコードによる例（松屋フーズのクーポン）

RFIDによる例（ユニクロのICタグ）

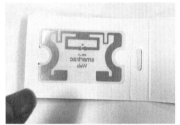

出典：松屋フーズニュースリリース（左図）

移動通信システムの**5G**では、人間の利用者相手なら必要ないほどの**大量接続**ができるようになり、**あらゆる機器をインターネットにつなぐIoT**（**モノのインターネット**：Internet of Things）が加速しています。**6G**ではついに**宇宙までサービス範囲**に入ってきて、地球をとりまくあらゆる出来事を**データ化**、**情報化**してくらしに役立てようとしています。

VR（**仮想現実**）では、**360度を見渡せる3D映像**などに没入して、中世の剣と魔法の世界や宇宙空間、ハリポタの世界をまるで現実であるかのように楽しめるようになりました。

VRとAR

VRゴーグル
（エレコム社）

ARによる活用例
（ロジテック社）

　AR（**拡張現実**）を使うと現実の空間のなかに、**デジタルペット**などを表示できるようになります。「マンションのルールで本物は飼えないけど、俺の**ARグラス（スマートグラス）**にはペットが常駐してるぜ」といったくらしが実現したわけです。機械を使いながら、視界の中に説明書が映っていたら便利でしょうし、死角から車が迫ってきたら警告を表示するような使い方もできます。いまは、「歩きスマホをやめましょう」と言われますが、ARグラスに人や車の接近情報が表示されるなら、「裸眼で前を向いて歩いている人ってあぶないよね」と言われる社会になるかもしれません。情報技術を使うことで、私たちのくらしは楽しく、安全になりました。

ARグラス（スマートグラス）

XREAL Air2 Pro（日本Xreal社）

　いっぽうで、情報化はまだまだ途上だという声もあります。**情報の発展段階を3つに区分**することがあります。

> ・デジタイゼーション
> アナログの道具を、デジタルの道具に置き換える
> →手書きをワープロに
> ・デジタライゼーション
> デジタルの道具をつないで、もっと便利にする
> →ワープロで印刷した紙を郵送してたけど、メールで送るようにする
> ・DX（デジタルトランスフォーメーション）
> 仕事やくらしの方法を変えて、新しい価値を生み出す
> →デジタルの道具（たとえばロボット掃除機）にあわせて、家具や生活
> 習慣、考え方まで変えちゃう

　デジタイゼーションや**デジタライゼーション**はけっこうやってきたんだけど、**DX**はまだまだだねと言われるのです。掃除機で考えるとわかりやすいと思います。

　デジタイゼーションは、**ほうきが掃除機に変わるようなもの**です。便利です。でも、ほうきはあんまり手入れしなくても使えたのに、掃除機はメンテナンスが大変だなあといった弊害もあります。

　デジタライゼーションになると、ゴミをすてる方法が**パック式**になったり、**コードレス式**が登場したりと、**掃除機を使うことがもっと楽**になってきます。でも、そうじをしなきゃなと心に決めて、自分の時間をつぶしてそうじを頑張るという意味では、実はほうきを使っていたときとあんまり変わっていないかもしれません。

　ところが**ロボット掃除機**が出てくると状況がかわります。全然そうじにタッチしなくても、部屋がきれいになるのです。これは「**新しい価値**」ですよね。

　ただし、ロボット掃除機を使う人の満足度は、かなりぱっくりわかれます。超満足した人と、怒ってる人です。

　怒ってる人は「思ったほど掃除ができてない」と言います。それは自分が変わらなかったからです。ロボット掃除機は万能の道具ではないので、通れるように家具の配置を変えたり、なるべく段差がなくなるように工夫しないといけ

ません。しかし、怒る人は「自分を変えるなんてまっぴらだ。むしろロボット掃除機が変われ」と言います。大きな段差を乗り越えるように改造したり、狭い場所に入れるように小型化したりするなんて、開発にいくらかかるかわかりません。お金をたくさん使ったわりに効果がでないこともあります。

　満足した人は、自分を変えられた人です。ロボット掃除機が通りやすいように家具をずらしたり、肘掛けつきの椅子を選んでロボット掃除機を動かすときはテーブルにちょっとひっかけて、椅子の下を掃除できるように工夫します。

　このように、デジタル機器やデジタルサービスの効果を最大限に引き出すために、**自社のしくみや仕事のしかた、ルールや文化までも変える（トランスフォーム）**のが**DX**です。しかし、社会には意外なほど「**変わりたくない人**」が多くて、あまり成功していません。**D（デジタル）**と**X（トランスフォーメーション）**のうち、力点があるのは明らかに**X**なのですが、めんどうなので**D**だけやって終わりにしてしまう会社がいっぱいあります。

　教育DXだ！　1人1台のパソコンを買うぞ！（**D**）といって買ったはいいけれど、それで授業のやり方が変わって超面白くなったか（**X**）といえば、そうでもない学校もありますよね。

　ものごとに光が当たれば、かならず影も生じます。情報技術も例外ではありません。まず、使いすぎによる**VDT症候群（肩こりや目の疲れなど）**や、**スマホがないと不安になってしまうネット依存症**などが深刻です。現代人がスマホなしで家を出るって、トイレットペーパーがないのにトイレに入るくらい勇気のいることですから仕方がない気もしますが、**ネット依存専門の病院**ができるほどには困っている人がたくさんいます。

　また、どの国に生まれたか、どのくらいお金があるか、情報機器を使う機会に恵まれたか、いま何歳かなどの要因で、**情報機器の操作能力や触れることができる情報の質と量に大きな差が出ます**。この差はそのまま個人の力の差になり、稼ぐことができるお金、参加できる集団、楽しむことができる行動などに**もっと差がつくような悪循環**が生じます。こうした現象を**デジタルデバイド**といいます。

　技術は社会の構造すら変化させることがあります。たとえば、**個人主義**が

進展したとき、個々の人の好みが違うので、全体に同じ情報を届けるテレビよりは、個々に違う情報を届けられるSNSのほうに人気が集まるようになります。SNSは**フィルターバブル**などの効果により、より個人主義を深め、ひょっとしたら社会の分断をうながすかもしれません。

　また**人工知能（AI）**が普及することで、人間の生き方が変わるかもしれません。人間は**面倒なことを機械に任せる（外部化）**ことで、楽で充実したくらしを獲得してきました。車が発明されて、重い物を担ぐ機会は減りました。計算機が現れて、筆算はしなくてよくなりました。

　AIは考えることを外部化するかもしれません。今まで通り、「おお、楽になるな」と外部化してしまっていいでしょうか？　考えることは、人間を人間たらしめるだいじな要素です。重い物を持つことと等価に、手軽に外部化していいかはよく考えないといけません。

　人間は色々なことをする自由と権利がありますが、今後の状況によってはやれないことが増える可能性もあります。たとえば、運転するのが好きな人が「人間が運転すると事故を起こすよ。怪我をする人が出ないように、もう運転はAIにしかやらせない」と言われたときに、うまく言い返せるでしょうか？　安全なのはいいことです。**好きなことを自由にやれる権利**も大事です。どっちも重要だと思うんです。でも、「環境を破壊しないために」「安全に暮らすために」「健康になるために」、もう食事のメニューは自分で選んじゃダメだよAIに任せよう、就職先や結婚相手もAIに決めてもらうといいねと言われる日が来るかもしれません。どちらが人間にとって幸せなのでしょうか。

　この難しい問題に答えが出せるように、みなさんは是非情報について学んで、よく考える人になってください。

問1 インターネットを使ったサービス利用に関する次の問い(**a・b**)に答えよ。

a SNSやメール,Webサイトを利用する際の注意や判断として,適当なものを,次の⓪〜⑤のうちから二つ選べ。ただし,解答の順序は問わない。
| ア | ・ | イ |

⓪ 相手からのメッセージにはどんなときでも早く返信しなければいけない。

① 信頼関係のある相手とSNSやメールでやり取りする際も,悪意を持った者がなりすましている可能性を頭に入れておくべきである。

② Webページに匿名で投稿した場合は,本人が特定されることはない。

③ SNSの非公開グループでは,どんなグループであっても,個人情報を書き込んでも問題はない。

④ 一般によく知られているアニメのキャラクターの画像をSNSのプロフィール画像に許可なく掲載することは,著作権の侵害にあたる。

⑤ 芸能人は多くの人に知られていることから肖像権の対象外となるため,芸能人の写真をSNSに掲載してもよい。

b インターネット上の情報の信ぴょう性を確かめる方法として,最も適当なものを次の⓪〜③のうちから一つ選べ。 | ウ |

⓪ 検索エンジンの検索結果で,上位に表示されているかどうかで判断する。

① Q&Aサイトの回答は,多くの人に支持されているベストアンサーに選ばれているかどうかで判断する。

② SNSに投稿された情報は，共有や「いいね」の数が多いかどうかで判断する。

③ 特定のWebサイトだけでなく，書籍や複数のWebサイトなどを確認し，比較・検証してから判断する。

(令和7年度 大学入学共通テスト「情報Ⅰ」試作問題)

解説・解答

問1a の解説

⓪ いや、そんなことないって。SNSは楽しく使うもので、振り回されたら意味ないよ。たとえ会社の上司であっても、勤務時間外だったら無視していいんだって！（あとが怖いけど）…… ✕

① 慎重な人や会社を攻撃するときに、まず友だちや子会社を攻撃して、そこを踏み台にして（なりすまして）本命の慎重な人を攻撃するのはよくあるテクニックです。…… 〇

② 4章でもお話をしますが、インターネットは通信インフラなので、電話と一緒くらいに考えてください。電話って、非通知でかけても、電話会社には番号バレてますよね？（そうじゃないと、料金を徴収できない） トラブルになれば、開示請求で特定されます。…… ✕

③ そのグループで非公開にしていても、スクショを撮られて別のグループに流される、別のSNSに流される、はよくあるパターンですよね。…… ✕

④ 一般によく知られてなくても、版権画像を使っちゃダメです。…… 〇

⑤ 肖像権には人格権（許可なく撮影されない：みんなにある権利）と、パブリシティ権（有名な人の写真は金になるので、その財産権）があります。パブリシティ権のほうは、有名人だからこそ認められる権利です。…… ✕

問1a 　ア　・　イ　の解答 …… ①、④（順不同）

インターネットやウェブは、誰でも情報発信ができる媒体です。権力者や報道機関に限定されていた「広く情報を発信する能力」をみんなに解放した意味で、情報発信を民主化したと言えます。

いっぽうで、訓練を受けていない人がいつでもどこでも誰でも情報発信できるようになったため、デマやフェイクが横行しているのも事実です。みんなが「いいね」しているものが正解とは限りませんし、検索結果を上位にしようとあの手この手でWebページをいじりつづけている人もいます。こうした情報に振り回されたり、騙されたりしないための常套手段は「色んなサイトや色んな意見を見て比較し、自分の頭で検証する」です。そのために、是非「情報I」で学んだ知識や技術を役立ててください。

問1b ［ ウ ］ の解答 …… ③

問2 次のa～cのうち、著作権法によって定められた著作物に該当するものだけを全て挙げたものはどれか。

　a　原稿なしで話した講演の録音
　b　時刻表に掲載されたバスの到着時刻
　c　創造性の高い技術の発明

　ア　a　　　イ　a, c　　　ウ　b, c　　　エ　c

（令和5年ITパスポート試験）

問2の解説

a.　著作物は、「作者の思想や感情を創作的に表現」するものなので、原稿があ
ろうがなかろうが関係ありません。これは該当します。…… ◯

b.　バスの時刻表は（電車の時刻表でも）、「作者の思想や感情を創作的に表現」
してないので、著作権では守られません。…… ✕

c.　知的財産ではあるので迷ったかもしれませんが、「創造性の高い技術の発
明」は特許で守られるものでした。著作権とは系統が違う、産業財産権に含
まれる権利です。…… ✕

問2の解答 …… ア

第2講

コミュニケーションと
情報デザイン

コミュニケーションとメディア

人間って、ほんとに**コミュニケーション**が好きだと思います。私は通信を主に勉強してきた研究者ですが、なにか新しい現象が現れるたびにそれを「**コミュニケーションに使えないかな？**」と試行錯誤してきたのが技術の歴史だと言ってもいいくらいです。

デジタルコミュニケーションに限らず、何かの道具を使って相手に情報を伝えるには、次の**3つのステップ**があります。

- **記号化**
  「伝えたいこと」を字や絵によって表現します。頭の中でもやもやしていることを、そのまま相手に伝えるのは難しいです。
- **メディア**
  記号化された字や絵を載せて、相手に届けます。音声にしておしゃべりで届ける場合は、空気がメディアになります。
- **復号**
  字や絵を読み取って、頭のなかで再構成します。

パピルスや**石板**、**DNA**は昔からある**メディア**で、**文字や遺伝情報を記録**します。交尾も**情報コミュニケーション**です。オスの体内からメスの体内へ、遺伝情報を伝送するわけです。

このステップのどこかでトラブると、コミュニケーションがうまくいきません。送信者が字を知っていても、それを記したパピルスがやぶけたり、受信者が字を知らない人だと情報が伝わらないのです。

昔からあるメディア

パピルス　　　　　石板　　　　　DNA

　紙が生まれ、**印刷技術が発明**されると、**新聞**や**書籍**の形で**1対多のコミュニケーション**が飛躍的に発展しました。世論や政治、経済にも影響を与える**マスメディア**に育ったわけです。

　メディアが**電子化**されると、今度は**伝送速度**が**格段に速く**なりました。**モールス信号**を使った**電信機**、音声をそのまま届けられる**電話**、音声を1対多で届けられるラジオ、動画を1対多で届けられる**テレビ**が立て続けに開発されていきました。

情報のデジタル化

単元2

　なんだか最近の言葉の使われ方を見ていると、**アナログ**が古くてあてにならないもの、**デジタル**が新しくていいもの、のように理解されています。私もいちいち、「その使い方変じゃないですか？」とか言うと煙たがられるので、テレビとかでもそのような意味で発言しています。

　でも、ほんとは**アナログ＝連続量、デジタル＝離散量**ってだけです。**時計がわかりやすい**ですよね。**デジタル時計**は1分、2分……や、1秒、2秒……のように本当は連続しているはずの時間を**一定の間隔で区切って表示**します。この場合、1秒と2秒の間にある時間は、ないものとして扱います。デジタルには「**指で数えられる**」**という意味**も含まれているので、指で数えられないような1と2の間は苦手です。

　よくできた**アナログ時計**の秒針はものすごくなめらかに動いて、**1秒と2秒の間にもちゃんと時間があるんだと実感させてくれます**。だからいちがいにアナログがダメで、デジタルがいいんだという話ではありません。

　また、デジタルが**電子的な意味で使われる**こともあります。この本でも使っている「**デジタル機器**」などという言葉がそうです。確かにデジタルと電子機器は**相性がいい**ですが、デジタルと電子的が**直結するわけではない**です。

　たとえば、**そろばん**は分類するとしたらデジタル機器です。そろばんは数値を離散的にしか扱えず、「1と2の間をなんとか表現してくれ」と言われても難しいです。

　では、なぜ「デジタル」がこれだけ流行っているのでしょうか。理由はいくつかあります。

　・デジタルはコンピュータと相性がよくて、扱いやすい

アナログの場合、絵を描いたキャンバスと、音声を録音した楽曲テープを
いっしょくたに送るのは何かと気をつかったり、無理だったりします。編集を
するにしても、絵の編集と、音声の編集ではやり方も必要な機器もまったく違
います。

　でも、絵や音声が**デジタルデータ**になっていれば、**コンピュータ1つで保
存も伝送も編集も**できてしまいます。本物の絵で、「この部分を青くしよう」
「綺麗じゃないので元に戻そう」とやるのは非常に大変ですが、デジタルデー
タであれば簡単にできます。

・デジタルはコピーしたり、送ったりするときに劣化しにくい

　音声のアナログデータを送ることを考えてみます。**音声は空気を揺るがす
波**ですから、その波の形を**電流の波形に置き換え**てしまえば、**電線**や**無線**で
送ることができます。ただ、送る最中にどうしても**ノイズ**がまざって、音声
は劣化します。

アナログデータの波形にノイズが混ざると
音声は劣化

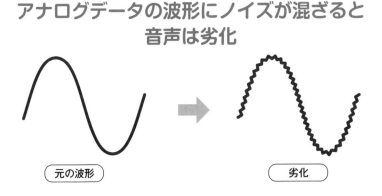

元の波形　　　　　　　　　　劣化

　高価なオーディオ機器だと、**ノイズがまざった音声、音楽のデータ**をなん
とか元に戻すしかけがいろいろ施されていますが、実際のところ**完全に元の
形に戻すのは難しい**です。

　でも、コンピュータが扱う**デジタルデータ**だと、元のデータを加工して最
終的には**0と1だけの数値の並び**にしてしまいます。それを、「0は**電圧が低**

いことで、1は**電圧が高い**ことで」伝えたりします。すると、電線を流れてくる過程でちょっと電圧が下がったり、波形が乱れたりしても、「ちょっと乱れてる部分もあるけど、0か1に振り分けるとしたら、**ここは1に違いない。あっちは0だ**」と判断できます。

デジタルデータは0と1の数値で送るため劣化しにくい

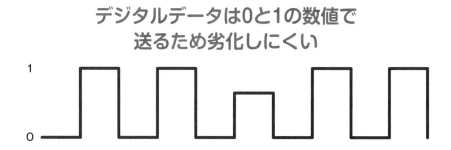

　もちろん、間違いがなくなるわけではありませんが、他の方法も併用することでオリジナルと寸分違わぬデータを相手に届けたり、コピーして保存することが可能になりました。

デジタル化しておけばコピーや送信が簡単

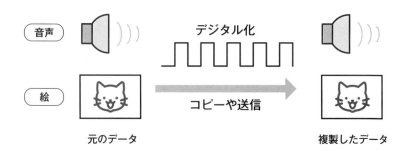

でも、**0と1だけで情報を表す**って、意味がわからなくないですか？　ほんとにそんなことできるのかって。**コンピュータはやってるんです**よね。まあ、0と1しか理解できない機械なので**全力で工夫**して、いろんな情報を扱えるようにしています。たとえば**ルールを決めれば天気も0と1で表せます**。

$$0 \rightarrow \quad 雨$$
$$1 \rightarrow \quad 晴$$

これが**コンピュータが表現することのできる情報の最小単位**で、**ビット**といいます。これは**1ビットの情報**です。

　0と1しか数字を使わず、その次になると桁が上がってしまう記数法を**2進法、2進法で表した数を2進数**といいますが、**1ビットは2進数1桁で表せる情報量**だと言い換えてもいいです。

　先ほどの例を**2進数2桁**に増やして**2ビット**にすれば、もっと多くの情報を表現できます。

$$0 \rightarrow \quad 雨$$
$$1 \rightarrow \quad 晴$$
$$10 \rightarrow \quad 曇$$
$$11 \rightarrow \quad 雪$$

　ところで、私たちが**ふだん使っているのは数字を10個使い、10になると桁上がりする10進数**です。人間の最も基本的な数を数える道具、すなわち指が、怪我をしていなければ10本ありますから、なんとなく**10でひとかたま**

りになっていると数えやすいし気持ちがいいので10進数が流行ったのだと思います。

ただ、10進数が失敗した例もあるので、やっぱりその場に応じて使いやすいかどうかがポイントです。昔、時計を10進数にしようとして、利用者に総スカンを喰らったことがあります。

たぶん時計の場合は、**12や60**という**約数が多い数値のほうが使いやすい**んです。12時間は簡単に1／3や1／4にすることができますが、10時間を1／3や1／4にするのはめんどうです。でかいホールケーキを買ってきて「よし、10等分にして食べようぜ！」ってのもあまりやりません。切り分けにくいです。だから**10進数が苦手にしている用途もある**と考えてください。

10進数1〜16を2進数と16進数で表した場合

2進数	10進数	16進数
0	0	0
1	1	1
10	2	2
11	3	3
100	4	4
101	5	5
110	6	6
111	7	7
1000	8	8
1001	9	9
1010	10	A
1011	11	B
1100	12	C
1101	13	D
1110	14	E
1111	15	F
10000	16	10

コンピュータを使う上で**2進数**と**10進数**の対応は**覚えておいたほうがい**いことの一つです。2進数はちょっとの数を表すにもすぐに**桁数が大きくなってしまう**のが難点で、「コンピュータ的には1110だけど、人間には読み取りにくいだろうから14って表示してやるよ」といった**基数変換**がよく行われます。

ただ、**2進数と10進数はあまり相性がよくありません**。2進数が桁上がりする「キリのいい数」が10進数にとっては全然キリがよくなかったりします。10進数は10，100，1000がキリのいい数ですが、2進数だと2，4，8，16，32，64，128，256，512……あたりがキリのいい数です。

これが**16進数**だと、**ぴったり合うんです**。**2進数が5桁になるところで16進数は2桁**になります。**16進数が3桁になるところで、2進数もちょうど9桁**になります。この相性のよさを利用して、「2進数で表すと長くなるから、他の基数で表したい」という場面でよく16進数が登場します。

ただ、16進数だと「10進数の16でやっと桁上がり」ですから、ふだんのアラビア数字では数字の種類がたりなくなります。そこで、10進数でいうと**10〜15の部分はA〜Fのアルファベット**を使うことで表現します。

コンピュータでは**大きな数字**がよく登場します。

そのとき1000000000ビットとか書いたら絶対読み間違えます。そこで**SI接頭語**（国際単位系接頭語）が登場します。日本語でも**大きい数**を兆、億などを使って読みやすくするように、**キロ**や**メガ**などの**接頭語**を用いることで数字を減らして扱いやすくします。

1000000000ビット　は**1ギガビット**と書き換えることができます。「今月ギガがやばい」のギガです。

他にもたくさんあるので、一覧表をのせておきましょう。よく使うのは**キロ**、**メガ**、**ギガ**、**テラ**あたりです。

SI接頭語は大きい数だけでなく、**とても小さい数**のためにも用意されています。**ミリ**、**マイクロ**、**ナノ**くらいまでは覚えておくとよいと思います。一般的なビジネスの会話の中でも出てきます。

SI接頭語の一覧

名称	記号	指数	10進数	漢名	英語
エクサ (exa)	E	10^{18}	1 000 000 000 000 000 000	百京	quintillion
ペタ (peta)	P	10^{15}	1 000 000 000 000 000	千兆	quadrillion
テラ (tera)	T	10^{12}	1 000 000 000 000	一兆	trillion
ギガ (giga)	G	10^{9}	1 000 000 000	十億	billion
メガ (mega)	M	10^{6}	1 000 000	百万	million
キロ (kilo)	k	10^{3}	1 000	千	thousand
ヘクト (hecto)	h	10^{2}	100	百	hundred
デカ (deca)	da	10^{1}	10	十	ten
		10^{0}	1	一	one
デシ (deci)	d	10^{-1}	0.1	一分	tenth
センチ (centi)	c	10^{-2}	0.01	一厘	hundredth
ミリ (milli)	m	10^{-3}	0.001	一毛	thousandth
マイクロ (micro)	μ	10^{-6}	0.000 001	一微	millionth
ナノ (nano)	n	10^{-9}	0.000 000 001	一塵	billionth
ピコ (pico)	p	10^{-12}	0.000 000 000 001	一漠	trillionth
フェムト (femto)	f	10^{-15}	0.000 000 000 000 001	一須臾	quadrillionth
アト (atto)	a	10^{-18}	0.000 000 000 000 000 001	一刹那	quintillionth

SI接頭語は**10のn乗**の形で表されます。ところがコンピュータは**2進数**が好きなので、**2のn乗**で大きい数を表したいときもあるんです。

```
キロ  k   10の3乗  →  1000
          2の10乗  →  1024


メガ  M   10の6乗  →  1000000
          2の20乗  →  1048576
```

と、なんとなく似た値になるので両者をごっちゃにする人もいるのですが、厳密さが必要なときはやはりおかしなことになります。そこで、2のn乗を表す接頭語が別に定められました。

```
キビ  Ki  2の10乗  →  1024
メビ  Mi  2の20乗  →  1048576
ギビ  Gi  2の30乗  →  1073741824
テビ  Ti  2の40乗  →  1099511627776
```

全然有名な接頭語ではないので、「**こういうのもあるのか**」程度に覚えておけばOKです。

ところで、**情報量の単位**として**ビット**のほかに、**バイト**もよく使われます。こちらは**絶対に覚えておきましょう**。

なんでせっかくビットがあるのに、余計なものをつくったのか？ それは、人間にとって**イメージしやすい単位**が欲しかったからです。100ビットとか言われても、どのくらいの情報かわからないじゃないですか。でも、**バイトは「1文字分」**のことなので、**100バイト**なら「文字にすると**100文字分**」なんです。これならわかります。**1ギガバイトは10億文字分**です。

ところが！ わかりやすくしたつもりなのに、却ってややこしくなる事態が発生しました。**基本的な文字**（コンピュータ開発の中心はアメリカだったので、

アルファベットと数字、ちょっとした記号のことしか考えていませんでした）を表すのにだいたい8ビット必要なので、**8ビット＝1バイト**がよく使われている換算値です。

　でも、「ほんとに初めのころは、7ビットで1文字を表していた。だから7ビット＝1バイトだ」とか、「1文字分ということなら、日本語の**漢字**や**ひらがな**を表すためには**16ビットは必要**だ。だから16ビット＝1バイトではないのか」と言い出す人まで現れて、混乱しました。あまりに混乱したので、**8ビット＝1オクテット**という新しい単位まで作られたほどです。

　現在では一般的に**8ビット＝1バイト**で落ち着いていますが、**めんどくさい論争がある単位**だと覚えておくとよいと思います。

　単位を間違えると、計算問題などは**すべてパー**になりますから、**ビットなのかバイトなのかはよく確認**してください。**通信分野**の人（私です）が**ネットワークの速度を表すとき**にはビットが好んで使われます。でも、**記録系統の技術**（このファイルをハードディスクに保存すると大きさはどのくらい？　など）では**バイト**がよく使われます。典型的なひっかけ問題はこうです。

100Mbps（1秒間に100Mビット送信できるの意味）のネットワークがある。このネットワークで100MBのファイルを送信するとき、何秒で送信は完了するか？

　ネットワークの方は**通信分野**ですから、100　メガ　ビットなんです。ファイルサイズは**記録系統の技術**なので、100　メガ　バイトで表されています。そう言ってくれれば気がつきますが、**100Mbps**、**100MB**などと**省略形が使われているのでビットなのかバイトなのか自分で考えなきゃいけない**。そういう問題です。

1秒間に100M送れるネットワーク

送るファイルも100M

じゃあ、**1秒で送信完了**だ！　とやると**不正解**になります。**単位が違う**ので、あわせてあげないといけません。**ビット**にあわせましょうか。

$$\text{ファイル　100M バイト　＝　800M ビット}$$

1秒間に100Mビット送れるネットワークだと、**送信完了まで8秒かかる**と導くことができます。

そういえば昔、「ゲームは保存容量が大きいほうが面白い」と言われた時代がありました。容量が大きければ面白いというものではないと思いますが、まあ綺麗な画像などが入っていれば保存しなければならないデータは増えますから、言いたいことはわかります。

パソコンのゲームを作っていた会社は、「**うちのゲームは4メガ**」と宣伝しました。**単位はバイト**です。保存容量を表すのなら、それが慣例ですから。

しかしある会社（いまも絶好調のあの会社です）は、「**うちのゲームは8メガ**」と宣伝したのですが、**単位がビット**でした。これ、バイトに直して単位をあわせれば1メガなんです。パソコンのゲームの方がゲーム全体の容量は大きいんです。でも、売れたのは後者のほうでした。ものの言い方って大事だな、って思いました。

単元 ❹

2進数の計算

　ところで、コンピュータが2進数を処理するとき、**プラスやマイナスの記号は使いません**。**負の数**はどう表現するのでしょうか？　**補数**というのを使います。

　補数というのは、「**元の数と補数を足したときに桁が上がっちゃう数のうち、一番小さいもの**」です。10進数で考えてみましょう。**6が元の数**だったら、**4を足すと10**になって桁上がりが発生しますから、**4が補数**です。

　2進数の場合はどうでしょうか。

1011　（10進数で書くと11）　の補数は、

0101　（10進数で書くと5）　　です。実際に足してみると、

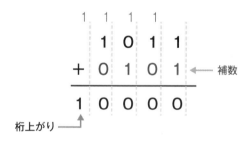

　10000になって、ぎりぎり**桁上がりする数**であること、つまり**0101**が**補数**であることが確認できました。

　なんでこんなふうにするかというと、**引き算**を簡単にするためです。

　コンピュータを作るとき、**足し算回路と引き算回路を盛り込む**と、複雑になるしお金もかかります。**足し算回路を使って引き算もできる**といいなと思うわけです。

元の数に補数を足すと桁上がりして一桁増えます。ってことは、増えた分の一桁を無視してしまえば、負の数として使えますよね？

1011（11）
0101（5だったけど、負の数として使おうと決めたので－11）

$$1011 \ + \ 0101 \ = \ \underline{10000}$$
→でも桁上がりする分を無視するってことにしたから、0000

足して0になるわけですから、

$$11 \ + \ (-11) \ = \ 0$$

と考えていいわけです。もちろん**桁上がりした1桁を無視する**とか、**ふつうの計算とちがったルール**が必要になってきますが、足し算回路だけしか盛り込まなくてよくなれば、コンピュータを作るのは圧倒的に簡単になります。

　他の数値でも考えてみましょう。

$$1111 \ - \ 1011 \ = \ 0100$$

ですが、これを計算するには**引き算回路**が必要です。
そこで、**1011**の**補数**である**0101**を持ってきて、**足し算**します。

$$1111 \ + \ 0101 \ = \ 10100$$

結果は**10100**ですが、**桁上がりした1を無視する**と**0100**になるので、**引き算したのと同じ結果になる**ことがわかります。

　そうすると、もうひとつ疑問が出てきます。

0101という2進数が出てきたとき、そのまま「**5**」って理解していいのか、それとも11の補数だから「**-11**」と考えなきゃいけないのか、です。そんなの書いた人の気持ちにならなきゃわかりっこないですよね。なので、**ルール**が決まっています。**2進数で負の数を表現したいときは、左端のビットを使います。0**なら**正の数**、**1**なら**負の数**です。

たとえば**8ビットで256通りの数を表せる**よ、ってよく言います。

$$00000000 \quad \sim \quad 11111111$$

は10進数に直すと、

$$0 \quad \sim \quad 255$$

ですから、確かに**256通り**の数を表せます。でも、これだと**正の数**しか表現**できない**ので、**負の数**を使いたいときは、**先頭の1桁**とそれ**以降の7桁**で意味を分け、

先頭の1桁		以降の7桁				
0	正の数	0000000	~	1111111	0 ~	+127
1	負の数	0000000	~	1111111	-128 ~	-1

と表します。**8桁全体**では**-128 〜+127**の範囲を表現できるわけです。

ここから先はちょっと**発展した内容**です。

ここまでで説明した、「**元の数と補数を足したときに桁が上がっちゃう数のうち、一番小さいもの**」は、2進数の場合だと、「**2進法における2の補数**」（基数の補数）と呼ばれるものです。

ところが補数にはもう1種類あって（**減基数の補数**）、それが「**元の数と補数を足したときに桁が上がらない数のうち、一番大きいもの**」です。これを

「2進数における**1の補数**」といいます。

　要は**2の補数から1引く**と、**1の補数**になります。コンピュータではこれがよく使われます。作るのがめっちゃ簡単だからです。

　2の補数を計算するのはそれなりに面倒でしたが、2進数の場合、**1の補数は元の数の0と1をひっくり返す**（**ビット反転**）だけで出てきます。

1011　元の数
↓　0と1を入れ替えるだけ
0100　**1の補数**になった！

1の補数でも、引き算を**足し算回路だけ**でできるかな？

$$1111 \ - \ 1011 \ = \ 0100$$

を考えてみましょう。**この式を足し算の形にしたいので1の補数**を使います。

1011　元の数
0100　**1の補数**

$$1111 \ + \ 0100 \ = \ 10011$$

桁上がりした分は無視するので0011

　正解は**0100**なのでこのままだと答えが違うんだけど、**0011**に**＋1**してあげると（**1の補数＋1＝2の補数**でしたよね）**0100**になって**正しい答え**が得られます。

文字をデジタル情報で表現する

　他の単元でも出てきたように、コンピュータは突き詰めれば**0**と**1**しか処理できません。でも、コンピュータと付き合う人間は、0と1だけだと困ります。**文字や画像の情報**を、コンピュータはどう処理しているのでしょうか？

　文字の場合は、それを**数値に置き換える**ことで取り扱えるようにしています。**文字に番号をつけて**、番号のほうで覚えたり、計算したりします。たとえば、英字の**A**だったら**65**という感じです。もちろん、コンピュータは究極的には10進数もわかりませんから、65ではなく2進数にした**0100 0001**で記憶します。

　このとき、Aは65、aは97といった**文字につける番号**や、どの文字にどの番号を割り当てるかの**変換ルール**のことを**文字コード**といいます。文字コードはメーカーや国を超えて共通していないと、とても使いにくくなります。

　最初期に作られた**最も基本的な文字コード**である**ASCIIコード**は、当初**1文字を7ビットで表す**ものでしたが、後にはエラーを確認するための情報を1ビット足して、**1文字を8ビット**として扱うコンピュータが増えました。

　英語圏はそれでいいのですが、**他の言語圏の人たちは困りました**。日本でも、何とか8ビットで日本語を表現しようとして、**半角カタカナ**だけは使えた！　などとやっていました。

　でも**カタカナだけではいかにも不便**です。もっと抜本的な解決作が考えられました。**日本で新しい文字コードを作ってしまう**のです。最も有名で、今も使われているのは**S-JIS（シフトJISコード）**です。**漢字もひらがなも全角カタカナも半角カタカナも使えます**。もちろん、これらすべての文字に番号をつけるには**8ビット（0〜255）では足りない**ので、**16ビット（0〜65535）で表す**ことにしました。

　一般的に、**8ビット＝1バイト**と考えられているので、**S-JIS**のことを2

ASCIIコード表（2進数）での「A」の番号（0100 0001）

下 ＼ 上	0000	0001	0010	0011	0100	0101	0110	0111
0000			(SP)	0	@	P	`	p
0001			!	1	A	Q	a	q
0010			"	2	B	R	b	r
0011			#	3	C	S	c	s
0100			$	4	D	T	d	t
0101			%	5	E	U	e	u
0110			&	6	F	V	f	v
0111			'	7	G	W	g	w
1000			(	8	H	X	h	x
1001			)	9	I	Y	i	y
1010			*	:	J	Z	j	z
1011			+	;	K	[	k	{
1100			,	<	L	\	l	¦
1101			-	=	M	]	m	}
1110			.	>	N	^	n	~
1111			/	?	O	_	o	(DEL)

※表の項目名は行が下4桁、列が上4桁の8ビットの2進数を表す。

バイトコード（16ビットで文字番号をつける）と呼ぶこともあります。他にも **EUC-JP** など様々な文字コードが作られましたが、やはり国や文化圏、メーカーによって**文字コードが異なるのは不便**です。

　たとえば、メールを送信するときに半角カタカナやローマ数字、①、②などを使ってはいけないと言われるのは、**異なる文字コードが混在する**からです。他の文化圏で考えられた文字コードと比べたときに、**同じ番号が別の文字を表して**しまい、**文字化け**が起こります。

　そこで、**世界で使われる全ての文字を表せる文字コード、Unicode（ユニコード）**が作られました。もちろん、口で言うほど簡単なことではなく、「同

じ文字なのに別の番号に分割されてる」「違う文字なのに同じ番号にまとめられちゃってる」などのトラブルもありますが、基本的にはとても便利になりました。

　Unicodeにはいくつかの派生した種類があって、**1〜4バイトで一文字**を表します。これだけあると番号に余裕が出てくるので、Unicodeでは**絵文字**にも**文字コードを割り当て**、国や文化を超えて**同じ絵文字を使える**ようにしています（以前はドコモの絵文字とauの絵文字すら、相互にやり取りできませんでした）。

Unicode表（16進数）での「A」の番号（0041）

下＼上	0	10	20	30	40	50	60	70
0				0	@	P	`	p
1			!	1	A	Q	a	q
2			"	2	B	R	b	r
3			#	3	C	S	c	s
4			$	4	D	T	d	t
5			%	5	E	U	e	u
6			&	6	F	V	f	v
7			'	7	G	W	g	w
8			(	8	H	X	h	x
9			)	9	I	Y	i	y
A			*	:	J	Z	j	z
B			+	;	K	[	k	{
C			,	<	L	\	l	¦
D			-	=	M	]	m	}
E			.	>	N	^	n	~
F			/	?	O	_	o	DEL

※表の項目名は行が下1桁、列が2桁目以降の16進数を表す。

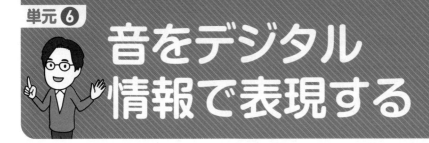

単元 ❻ 音をデジタル情報で表現する

他の単元でも出てきましたが、音とは**空気が震えた波**です。**波と波の間隔が狭い（周波数が高い）**と**高い音**に、**広い（周波数が低い）**と**低い音**になります。

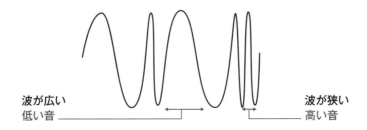

波が広い
低い音

波が狭い
高い音

また、**波が大きければ大きな音**、**小さければ小さな音**です。

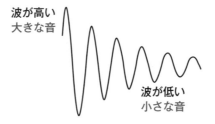

波が高い
大きな音

波が低い
小さな音

波の形が違うと、**音色**が変わります。

正弦波　　　　　ノコギリ波　　　　　矩形波　　　　　三角波

電流は**電気の波**ですから、**音波の形**をそのまま**電流の形**に変換してしまえば、**電気によって音を伝えること**ができます。

　でも、**デジタル情報**にしたいときは、それではダメです。最終的に0と1にしないといけませんから。そこで、**音をデジタルデータ化**するときは、**次の3つの手順**を踏みます。

・**標本化（サンプリング）**

・**量子化**

・**符号化**

サンプリングのしくみ

サンプリングは、**音の採取**です。

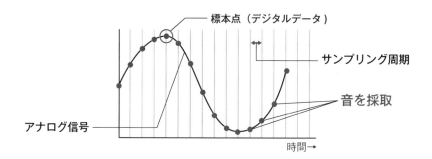

音楽をマイクなどで観測して、**波の高さのデータ**を取り出します。

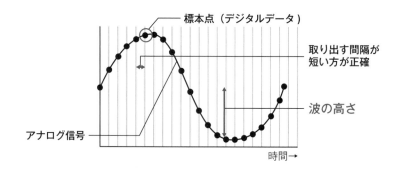

このとき、**取り出す間隔が短い方が元のデータを正確に再現**できます。

どのくらいの間隔でデータを取り出すかを、**サンプリング周波数**（**標本化周波数**）といい、単位は**ヘルツ**を使います。たとえば、**1ヘルツ (Hz) だと1秒間に1回、データを取り出し**（**標本採取：サンプリング**）ます。もちろん1ヘルツでは、全然もとの音を再現できません。一般的な**CD**だと、**1秒間に44,100回**もデータを取り出しています（**44.1kHz：キロヘルツ**）。

サンプリング周波数を高くすると、元の音に近づく

標本採取（サンプリング）		サンプリング周波数（標本化周波数）
1 秒間に 2 回		2Hz（ヘルツ）
1 秒間に 4 回		4Hz（ヘルツ）
1 秒間に 44,100 回		44.1kHz（キロヘルツ）

1 秒

音質を良くするためには、どんどん間隔を短く（**周波数を高く**）すればいいのですが、それだと**情報量がどんどん増えて**、「スマホに1曲しか入らなくなった」といった事態を招きます。そこで、動画にしろ静止画にしろ、ほどほどのところでバランスを取るのですが、音楽の場合は**サンプリング定理**（**標本化定理**）があって、どのくらいの間隔がいいのか示してくれます。

複雑な音楽は正弦波の集合体と考えることができます。**このアナログの波を形作る正弦波**のうち**最も周波数の高いもの**に着目して、その周期の半分より小さい周期でサンプリングすればもとの波形を正しく再現可能です。

標本化に際しては、どうしても**標本を採取する地点と地点の間の情報は失われる**ため、「微妙な情報が失われるからデジタルデータはダメだ」と考える人もいますし、「十分に標本の採取間隔を小さくすれば、そんな細かいところは

人間は知覚できないのだから、あってもなくても同じだ」と考える人もいます。

　さて、標本化で**波の高さ**を取得する**間隔**を決めましたが、今度はその高さをどう表現するかを考える必要があります。これを**量子化**と呼びます。

量子化とは

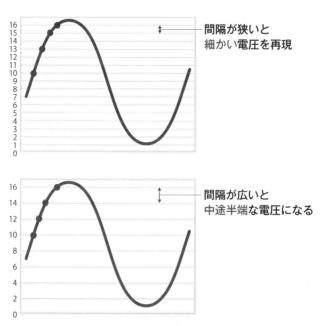

間隔が狭いと
細かい電圧を**再現**

間隔が広いと
中途半端な電圧になる

　量子化も**間隔を狭く**すればするほど、**細かい電圧**を再現することができます。上の例では電圧をかなり忠実に再現できますが、下の**間隔の広い**荒っぽい量子化だと**中途半端な電圧**として記録・再生されるでしょう。もちろん、音質は悪くなります。

　間隔を狭くすればするほど、処理に時間がかかったり得られた**データが大きく**なって保存場所に困ったりするのは、**標本化**のときといっしょです。

　一般的な**CD**だと、**量子化を65,536段階**で行っています。2進数にするとちょうど**16桁（16ビット）**になる情報量です。**0**が**一番低い電圧**、**65,535**が**一番高い電圧**とか、割り当てていくわけです。

最後の**符号化**では、**量子化によって得られた数値を2進数に変換**します。そのやり方も、効率をよくするために様々な手法が考えられていますが、高校の教科書の段階では「**2進数にする**」と覚えておけば十分です。

この辺は計算問題としてよく狙われるので、ちょっと練習してみましょう。

> (問) CDに5分の楽曲を保存すると、情報量はどれだけになるか？ なお、CDのサンプリングレートは44.1kHz、ステレオ音声で、量子化ビット数は16ビットとする。

サンプリングレート（サンプリング周波数）が**44.1kHz**となっています。**44.1キロ＝44,100**ですから、**1秒間に44,100回データを採取**するわけです。**1回のデータ採取で16ビットのデータが発生**しますから、**1秒間では、**

$$44{,}100 \quad \times \quad 16 \quad = \quad 705{,}600 \quad ビット$$

のデータが発生します。1分だと、

$$705{,}600 \quad \times \quad 60 \quad = \quad 42{,}336{,}000 \quad ビット$$

です。問われているのは5分のデータですから、

$$42{,}336{,}000 \quad \times \quad 5 \quad = \quad 211{,}680{,}000 \quad ビット$$

になります。

で、これをそのまま答えると、**出題者の思うつぼ**になります。「**ステレオ音声で**」とわざわざ書かれているので、**左の音**と**右の音**の**2つが録音されている**はずです。つまり2つの音を採取しているわけで、情報量は2倍にしないといけません。

$$211,680,000 \quad \times \quad 2 \quad = \quad 423,360,000 \quad \text{ビット}$$

優しい出題者なら、「解答はバイト（byte）で」などと縛ってくれているかもしれませんが、「**CDへの保存**」なので、**何も条件がなくても単位をバイトに換算しておいたほうがよいでしょう。**

$$423,360,000 \quad \div \quad 8 \quad = \quad 52,920,000 \text{バイト}$$
$$52,920,000 \text{バイト} \quad = \quad 52.92 \text{メガバイト}$$

ハイレゾ音源（やたら音質のいいやつ）にすると、どのくらい情報量が増すのかも計算してみましょう。音を採取する条件を変更します。

・**サンプリングレート　96kHz**
・**量子化ビット数　24ビット**
・**音源　5チャンネルステレオ音源**

$$96,000 \times 24 \quad = \quad 2,304,000 \text{ ビット（1秒あたり情報量）}$$
$$2,304,000 \times 60 \quad = \quad 138,240,000 \text{ ビット（1分あたり情報量）}$$
$$138,240,000 \times \; 5 \quad = \quad 691,200,000 \text{ ビット（5分の楽曲での情報量）}$$
$$691,200,000 \times \; 5 \quad = 3,456,000,000 \text{ ビット（5チャンネルステレオ）}$$
$$3,456,000,000 \text{ ビット} = \quad 432,000,000 \text{ バイト} \quad = \quad 432 \text{メガバイト}$$

音質をよくすると、ずいぶん情報量が増えることがわかると思います。

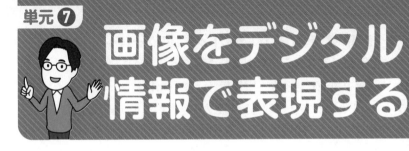

単元❼ 画像をデジタル情報で表現する

　画像をデジタルデータにするときも、音のときと同じように**次の3手順**をふみます。

・**標本化（サンプリング）**
・**量子化**
・**符号化**

　まずは**標本化**です。**画像を方眼紙のような画素（ピクセル）という単位に分割**します。1つ1つの画素ごとに、「ここは赤色」などと割り当てます。**ディスプレイ**であればその部分を赤く光らせますし、**プリンタ**であればその部分に赤色インクを吹き付けます。

　画素を数えるときに使うのがドットという単位です。たとえば10ドットとは10画素を表します。

解像度（dpi）：1インチあたりの画素数

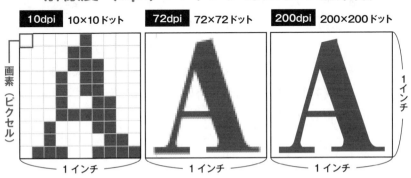

1個1個の**画素が大きい**（**粗い**）と**昔のドット絵のゲーム**みたいになりますし、**小さい**と細かくてなめらかな画像も再現できるようになります。どのくらい細かい画像を表現できるかを**解像度**といい、**dpi**（**ドット・パー・インチ**：**1インチ＝2.54センチあたり何画素あるか**）で表します。「**Webに表示**するときには72dpiくらい、**印刷**するなら350dpiくらい欲しいなあ」などと言われます。

　もちろん、音と同じで**解像度を高く**すればするほど、コンピュータにかかる**負荷は大きく**、**情報量も多く**なります。

　次は**量子化**を行います。一番簡単なのは白か黒か、の**モノクロ画像**にしてしまうことで、これなら**白（0）**、**黒（1）**とすれば**1画素あたり1ビット**で表現できます。

　でも、モノクロ画像ですら、白と黒の間には**薄い灰色**や**濃い灰色**が存在しているはずなので、たとえば**256段階**に分けて（**256階調**）、0が白、1が**一番薄い灰色**で……255が黒などとするわけです。

　カラーにしたい場合はさらに大変です。**三原色**によって様々な色を表せることは美術などで習っていると思います。

　光の場合は、足していくとどんどん白っぽくなっていくので**加法混色**といい、**赤（R）・緑（G）・青（B）**が光の三原色と呼ばれます。**ディスプレイはこのしくみ**を使っています。

　インクの場合は、足していくとどんどん黒っぽくなっていくので**減法混色**といい、**イエロー（Y）**、**シアン（C）**、**マゼンタ（M）**の**三色**が使われます。こちらは**色の三原色**です。**プリンタはこのしくみ**を使っています。プリンタのインクで**CMYK**と書かれているのを見たことがある人もいると思います。**色の三原色のCMY**と、**黒（Key plate）**の**4色がセット**になっています。理屈から言えば**CMYを混ぜれば黒が作れる**のですが、実際に綺麗な黒にするのは難しいので、最初から黒のインクも搭載するんです。

光の三原色と色の三原色

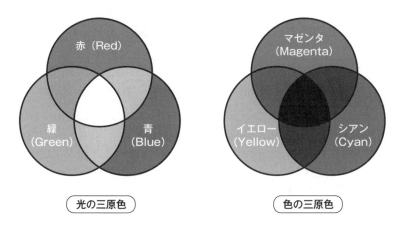

| 光の三原色 | 色の三原色 |

　カラーにするためには**三原色の情報**が必要です。ディスプレイで言えば、赤、緑、青が表示されているかどうか、しかも単に**白＝0**、**赤＝1**などとやると薄い赤などが表現できませんから、先ほどと同じように**階調**も必要です。

　一般的に**トゥルーカラー**と呼ばれる**自然な発色**をさせるためには、**赤256階調**、**緑256階調**、**青256階調**の情報が必要だと言われています。**256階調（0〜255）は8ビット**で表せますから、全体では**8×3＝24ビット**が必要です。

　1画素あたり24ビットの情報だと、画像の情報は相当大きくなりそうです。高解像度のテレビがよく**4K（＝4,000**。テレビの横方向にだいたい4,000画素が並ぶタイプのテレビだから）と言われていますが、どのくらいの情報量になるでしょうか？

　4Kテレビは横3,840画素、縦2,160画素であることが多いので、画面全体で、

$$3,840 \times 2,160 = 8,294,400 画素$$

あります。

1画素ごとに24ビットの情報が必要ですから、

$$8,294,400 \ \times \ 24 \ = \ 199,065,600ビット$$
$$= \ 24,883,200バイト \ = \ 約25メガバイト$$

の情報になります。

　これが1画素に真っ白か真っ黒しか表示しないタイプのテレビだったとしたら、**1画素あたり1ビット**しか必要でないので、

$$8,294,400 \ \times \ 1 \ = \ 8,294,400ビット \ = \ 1,036,800バイト$$
$$= \ 約1メガバイト$$

ですみます。

　動画はどうでしょうか？

　動画は**何枚もの静止画を連続して見せる**ことで、対象が動いているように認識させるものです。**テレビ**ですと、**約30fps**（1枚の静止画のことを**フレーム**という。**30fps**だと**1秒間に30枚の静止画を表示**する）です。反応速度となめらかさにこだわるアクションゲームなどをプレイする人は、**144fps**対応！とか、**300fps**とか書いてあるディスプレイを見たことがあると思います。短い時間に**とんでもない量の画像**を映しているわけです。

　もちろん、こんなにたくさんの画像をばんばん配信していたら、アマプラやネトフリはパンクしてしまいます。動画の場合は音声も一緒に配信するものが多いので、なおさらです。そのため、「**前の画像からみて、動いた部分だけ上書きする**」などの工夫をして、**情報量を小さく**しています。

　余談になりますが、**色の三原色**の発展には、日本でも人気のある**印象派**の画家たちが貢献しています。印象派の頃って、ちょうどカメラが発展してきたんです。それまで、「写真みたいな絵を描ける人」が尊敬されてきましたが、それはカメラのほうが得意になってしまいました。

　今でも「AIに仕事を奪われる！」とかやってますが、過去にも「カメラに仕事

を奪われる」とか、「紡績機に仕事を奪われる」とか繰り返してきたわけです。

　そうすると、人間は**「機械にできないこと」**をしないと仕事にあぶれてしまうので、色々試行錯誤をします。絵画の場合は、カメラが苦手にしている、光がきらきら燦めく様子や明るい空気感を再現する印象派や、対象の前から見た様子も後ろから見た様子も一枚の絵の中に入れちまうぜの**キュビズム**などが登場しました。

　印象派は明るい画面を作りたいのですが、絵の具は混ぜれば混ぜるほど暗くなります。でも、混ぜないと作れない色がある。そこで、色を混ぜるのではなくて、並べて描くことで明るさを保ち、でも全体としてみると表現したい色になっていくテクニック（筆触分割）などが開発されました。

　これは超有名な**スーラ**の**「グランド・ジャット島の日曜日の午後」**です。よく見ると、細かい点の組み合わせで絵が出来上がっていることがわかると思います。

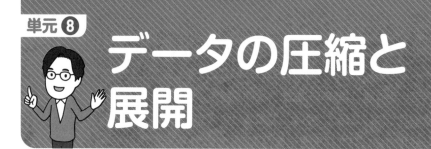

データの圧縮と展開

　データは**小さければ小さいほど**扱いやすいです。小さなデータなら iPhone に何万ファイルも保存できますし、ネットで送信するときもあんまり **パケット代**がかかりません。

　しかし、音や画像で見てきたように**高品質なデータ**を作ろうとすると、どうしても大きくなります。そこでデータを**圧縮**します。

　データの圧縮の考え方は難しくありません。たとえばこんなデータがあったとします。

AAAAAAAAAABBBBBBBBBBBBBBBCCCCCCCCCCCCCCCCCCCC

　けっこう長いデータです。これを圧縮します。

A10B15C20

　Aが10個、Bが15個、Cが20個あるぞと示しているわけです。使うときは「Aが10個のはずだから…」と**元通り**にして（**展開**）いくことができます。

　もちろん、圧縮は万能ではありません。たとえばもとのデータが**Aだけ**だったら、

A　→　A1

となるので、かえって**データが大きくなってしまう**こともあります。

　上記で紹介した例は、展開すると**完全にもとのデータに戻る**ので**可逆圧縮** といいます。しかし、可逆圧縮では圧縮率に限界があるので、「**完全には元の**

形に戻らなくていいから、ものすごく小さくぎゅっと圧縮する」**非可逆圧縮**という方法も考えられました。

　文章や**プログラム**などが完全に元の形に戻らなかったら大変ですが、**音楽の高音部分**や**画像のこまごましたところ**は、完全に再現できなくても**人間はあんまり気づかない**ことがわかっています。そこで、人間が気にならなそうな部分は思い切って**データを間引く非可逆圧縮**も便利に使われています。写真用の**jpeg**形式ファイルや、音楽用の**mp3**形式ファイル、動画の**mp4**形式ファイルは**非可逆圧縮の代表例**です。

　逆に、画像データでも「文字などが含まれているため、**ぼやけるとまずい**」ようなケースでは、**png**形式ファイルなど**可逆圧縮**を使うのが向いています。

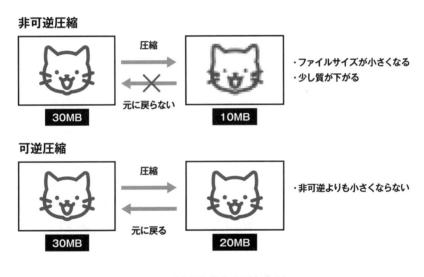

非可逆圧縮

圧縮 → 元に戻らない ×

30MB → 10MB

・ファイルサイズが小さくなる
・少し質が下がる

可逆圧縮

圧縮 → 元に戻る ←

30MB → 20MB

・非可逆よりも小さくならない

ファイル形式と圧縮方法

ファイル形式	種類	圧縮方法
MP3	音声	非可逆圧縮
MP4	動画	非可逆圧縮
jpeg	画像	非可逆圧縮
png	画像	可逆圧縮

単元 ⑨ ネットのコミュニケーションの特徴

　インターネットはもともと軍事や研究のために一部の人が使っていたネットワークでしたが、1990年代に一般向けの商用利用が解禁され、多くの利用者を獲得しました。

　インターネットについて考えるときは、その**光と影について理解すること**がとても重要です。

　たとえば、**インターネットの本質**は多くの**自律したネットワークの集合体**です。えらい人が一人いて全てを決めてしまうのではなく、**みんなの力で運用すること**が考えられてきました。でも、私たち1人1人はいまインターネットの運用に参加していると言えるでしょうか？

　インターネットの運用に参加するためには**設備**や**技術知識**が必要です。それらを獲得したり、供出したりするのはめんどうで負担も大きいです。そこで、**ISP（インターネット接続事業者）**に頼んでそれらのことを**代行**してもらいます。「インターネットはメッシュ状につながった、事故や災害に強い強靭なネットワーク」と教わるのに、ISPがトラブるとすぐに接続できなくなるのは、私たちが自らインターネットに参加しているのではなく**ISPに頼っている**からです。

　インターネット上で展開されるサービスのうち、最も人気があり、生活のインフラとして根付いたものに**www**があります。それまで世界に対して情報を発信できるのは、ごく限られた人々だけの特権でした。しかし、wwwは**HTTP**と**HTML**と**URL**を理解していて、**Webサーバ**などを用意すれば、**誰もが発信者になれる技術**でした。**情報発信が民主化される**と考えられたのです。でも、HTTP、HTML、URLについて学ぶのはめんどうでした。結局、情報発信ができるのはこうした技術を持つ人や、それを雇うお金のある人に限られました。

次に**ブログ**や**SNS**が現れました。HTMLなどを学ばなくても、**気軽に情報発信ができる技術**です。「こんどこそ情報発信が民主化された」とみんな喜び、**Web2.0**などと名前をつけました。でも、ブログやSNSの手軽さは、HTMLなどの面倒な部分を**グーグル**や**フェイスブック**などの会社が肩代わりしてくれていることを意味します。私たちはこれらの会社に頼らないと情報発信や日々の暮らしをすることが難しくなり、**巨大IT企業**（例：**GAFA**（**グーグル、アマゾン、フェイスブック、アップル**））による独占が進んだと考えられています。

| Google (Alphabet) | Amazon | Facebook (Meta) | Apple |

巨大IT企業が大きな影響力を持っていることは確かです。しかし、インターネットもwwwもWeb2.0も、もともとは個人の力を強化して、もっと活躍できるようにするために現れた技術でした。

でも、「めんどうだなあ、誰か肩代わりしてくれないかな？」と思った（それが悪いことだとは思いません。自然な感情だと思います）結果、代行をする会社が出てきて、そこに力が集中する、ということを繰り返しています。

巨大IT企業が独占をしていない、とも思いません。実際、大きな力を持っています。でも、最初から「独占してやるぜ！」と出てきたというよりは、みんなの要望に応え続けた結果、巨大な力を手にしてしまった感じです。

私たちはインターネットを使うとき、こうしたことに自覚的になったほうがいいと思います。個人が大きな力を手にすると、それに応じた負担や責任がついてきます。それがいやだなと思って企業に頼ると、その企業が支配的な力を手にして社会に歪みをもたらすかもしれません。**自分はどういうふうにこうした力と付き合っていくのかを、考えてみてください。**

こうした光と影は、さまざまな場面で確認することができます。

3Dアートや**動画作品**、**ゲームコンテンツ**などを制作することは**格段に簡単**になりました。小学生がゲームを作り、世界中の人に対して発信できるサービスなどが人気です。このように、**利用者が自ら作るコンテンツ**のことを**UGC（ユーザ生成コンテンツ）**といいます。

個人の可能性をひらく素晴らしいサービスと考えることもできますが、見方を変えれば、本来は企業がゲームを作って準備すべきところを、小学生に作らせていると考えることもできます。

ブログのサービスなどもそうです。みんなに文章を読んでもらえて嬉しいと考えることも、本来は企業が書くべき記事を利用者に書かせて、それで企業が収益をあげていると考えることもできます。

百科事典や商品レビューの制作は、以前は専門家の仕事でした。しかし、wwwなどのサービスが普及した結果、多くの人が情報を持ち寄って、**専門家を超えるようなコンテンツ**を作ることができるようになりました。**ウィキペディア**や**口コミサイト**などが代表例です。

これらは、「**三人寄れば文殊の知恵**」を**億単位の人**で行う「**集合知**」として歓迎され、世の中を便利にしましたが、一方で**嘘の情報**が出回ったり、それをなかなか**消せなかったり**する弊害ももたらしました。

それをもっと**積極的に悪用**するのが、**デマ**や**フェイクニュース**です。本当は宣伝なのに、**個人の意見であるかのように発信**する**ステルスマーケティング**なども、**影の部分**として取り上げることができるでしょう。

他の単元で学習するSNSの**フィルターバブル**は、**似た意見の人**を集めて仲良し同士で盛り上がれる環境を整えます。楽しいです。しかし、閉鎖的な環境のなかでコミュニケーションを繰り返す結果、**極端な意見が形成される**「**サイバーカスケード**」が起こりやすいことが知られています。SNSでデマやフェイクニュース、ステルスマーケティングなどを繰り返すことで**意図的に炎上**を起こしたり、選挙結果に影響を与えようとする人もいます。

他人に操られるなんて、嫌じゃないですか。みなさんは情報の奔流に流されず、色々な情報に触れ、自分の頭で考えて人生を楽しんでください。

インターネットを利用するとき、**匿名性と記録性**には気をつけてください。よく、「**インターネットは匿名だ**」といいますが、**そんなことはない**です。氏名を出さずに掲示板などに書き込めるので誤解されがちですが、**別の情報で特定**されます。

放送だったら匿名はあり得ます。テレビ局は、受信してテレビを見ている人を1人1人把握したりしていません。だからものすごい手間とお金をかけて、視聴率調査をやっているわけです。

でも、インターネットは通信の技術です。電話に近い性質を持っています。私たちが電話をかけるとき、送話者の電話番号も、受話者の電話番号も、電話会社にはわかっています。

インターネットも同じで、送受信を担当してくれる通信機器には**送信者のIPアドレス**も、**受信者のIPアドレス**もわかっています。これらは**ログ（通信記録、動作記録）**として**各通信機器に保存**されるので、「**匿名性なんてない**」と考えてください。**誹謗中傷などが発生**したときは**プロバイダ責任制限法**によって、被害者はプロバイダに誹謗中傷をした人の**情報開示**を請求することができます。

これらのログが残ることは一概に悪いことだとは言えません。色々なところに記録が残っていれば、「この人はこういう音楽が好きなんだな」とわかってもらえて、次回そのサービスを使うと好きそうな音楽を流してくれたりといった**カスタマイズ**が行えます。

いっぽうで「こういうのが好きなんだな」と理解されることで、それに関した広告を集中的に流されてつい買ってしまったり、**詐欺**に利用されたりすることもあります。一般的に**便利さと安全さ**は**トレードオフ**（あちらを立てればこちらが立たずの、シーソーのような関係）になっています。

単元⑩ 情報のデザイン

コミュニケーションをするときは、相手に情報をちゃんと理解してもらわないと意味がありません。**膨大な情報があるいま**は特に、情報の伝え方を工夫しないと相手を戸惑わせてしまいます。**相手にわかりやすく情報を伝えるための手法**を**情報デザイン**といいます。受け手にあわせて、情報を**抽象化**、**可視化**、**構造化**することで、その人の能力や年齢、文化、言語、障害の有無を超えて、**意図通りに情報が伝わる**ようにします。

抽象化の例（地下鉄の路線図）

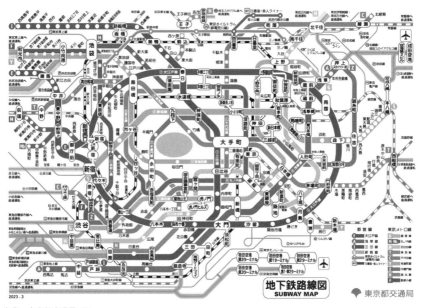

出典：東京都交通局HP

可視化の例（Webサイトの規模や関連性を可視化）

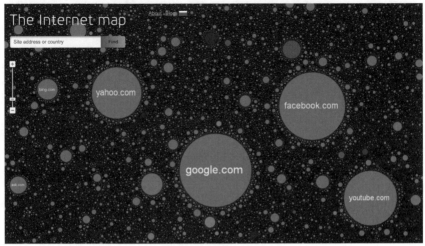

出典：The internet map（https://internet-map.net/）

構造化の例（会社組織の構造化）

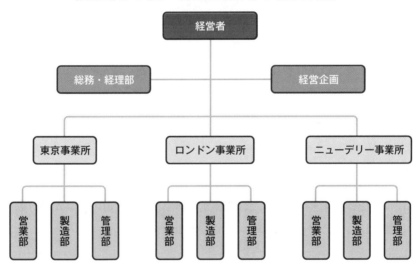

列挙する情報を**整理**することも重要です。レポートの参考文献を適当に並べて、怒られたりすることはよくあります。**分類**、**階層**に注意して、**50音順**、**アルファベット順**、**昇順**、**降順**、**場所順**、**時間順**などに並べます。

コンピュータが生活に溶け込んでいる状況では、それがどのように操作できるかで生活の快適さが全然違ってきてしまいます。人間とコンピュータの接点になる**ユーザインタフェース**は極めて重要です。

昔は**CUI（キャラクタ・ユーザ・インタフェース）**といって、**文字（キャラクタ）**で**命令文**をカタカタ**入力**して、コンピュータに「**やりたいこと**」を伝えるしかありませんでした。けっこうマニアックな使い方なので、コンピュータを使える人は限られました。

その後、画面に**アイコン**を表示し、それを**マウス**操作による**矢印（ポインタ）**で**クリック**してコンピュータに「**やりたいこと**」を伝える**GUI（グラフィカル・ユーザ・インタフェース）**が普及し、だいぶ**多くの人がコンピュータを使う**ようになりました。

今では**タッチパネル**、**ジェスチャ**、**音声入力**、**視線入力**など**さまざまなユーザインタフェース**が登場しています。よくできているインタフェースもありますが、分類や階層化があまり上手ではなく、使うのにものすごく苦労するインタフェースもあります。よく食券や切符の買い方がわからなくて苦労している人とかいますよね。

使いやすく、わかりやすくする工夫は、他にもたくさんあります。ペットボトルのごみ箱は、いかにもペットボトルしか入らなそうな丸い形で穴が空いています。新聞のごみ箱は新聞しか入らないよな、と思えるうっすい穴です。言葉で書くよりも、ずっとわかりやすいです。こうした「**行動の手がかり**」になるものを**シグニファイア**と呼びます。

こうした工夫は便利である反面、怖さもあります。たとえば、**人の行動を少し後押ししてあげる手法**に、**ナッジ**があります。

- **レジ袋が必要だったら、言ってください。**
- **レジ袋が不要だったら、言ってください。**

どちらもレジ袋が必要かそうでないかを聞いているのですが、**上の聞き方**

のほうがレジ袋を欲しがる人を減らせることがわかっています。「環境改善のためにレジ袋を減らしたい」といった目的には有効ですが、**無意識に人の行動をコントロールしていいのか**、といった議論もあります。

　ユーザインタフェースだけでなく、その**製品やサービス全体を通して得られる体験**をひっくるめて**ユーザエクスペリエンス**といいます。「ディズニーシーのユーザエクスペリエンスすげー」といった使い方をする用語です。

　日本の製品はどうも技術力の割りにユーザエクスペリエンスがよくない、などと言われているので、是非皆さんはいい製品やいいサービスを作ってください。

　その人の**能力**や**年齢**、**文化**、**言語**、**障害の有無**にかかわりなく、**多くの人にとって使いやすいデザイン**を**ユニバーサルデザイン**といいます。

　ユニバーサルデザインにするためには、**アクセシビリティ**と**ユーザビリティ**を向上させるのがポイントです。

ユニバーサルデザインの製品

ユニバーサルデザイン電卓DU-10A（カシオ社）

アクセシビリティとは**利用のしやすさ**のことで、**目の悪いひとには字を大きく**表示したり、音声で読み上げたりできるとか、**色覚障害のある人**には色の違いが分からなくても**読み分けられる**資料にするとか（**カラーバリアフ**

リー）、見てくれよりも**読みやすいフォント**（**字体**）を選ぶなどの方法があります。**メイリオ**（meiryo：明瞭）など、**ディスプレイでも印刷でも読みやすい字**を目指したフォントも作られています。また、指が使えない人のために**音声で操作**できる、動画を見せるサービスだが選択すると必ず**字幕が出てくる**などの工夫も、**アクセシビリティ**を高めます。

ユーザビリティは、アクセシビリティがあることを前提に、それが使いやすいかどうかです。たとえば、**カラーバリアフリー**などで**ボタンがくっきり見える**ように配慮されていても、そのボタンがとんでもなく**押しづらい場所**にあったら**ユーザビリティが悪い**ことになります。

要は「**自分が作りたいものではなく、相手が使いやすいものを作る**」のが**情報デザイン**です。芸術作品であれば、「自分で作りたいように作る」のが大事な場面もありますが、社会で使われる製品やサービスでは、**使う人を意識することが重要**です。

それはなかなか難しいことですが、「使う人が抱えている**問題を発見し、その問題を解決するためのアイデア**を形にしよう」という**デザイン思考**が提唱されるなど、盛り上がりを見せています。デザイン思考は難解ですが、ものすごくかみ砕いて言えば「デザインって今まで見てくれのことだと思われていたけど、機能や配置や形状も含めてデザインだよね。それ自体が問題の解決に役立つよね」といった考え方です。その「形状」によって、ペットボトルしか入れられないように促すごみ箱のことを思い出してみてください。

共感→定義→発想→試作→検証→実装の手順で進めていくので、文化祭の模擬店を作るとか、発表用の資料を作るときなどに活用してみてください。

練習問題にチャレンジ

問1 次の文章の空欄 ［ エ ］・［ オ ］ に入れるのに最も適当なものを，後の解答群のうちから一つずつ選べ。

　データの通信において，受信したデータに誤りがないか確認する方法の一つにパリティチェックがある。この方法では，データにパリティビットを追加してデータの誤りを検出する。ここでは，送信データの1の個数を数えて，1の個数が偶数ならパリティビット0を，1の個数が奇数ならパリティビット1を送信データに追加して通信することを考える。例えば，図1に示すように送信データが「01000110」の場合，パリティビットが1となるため，パリティビットを追加したデータ「010001101」を送信側より送信する。

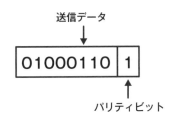

図1　送信データ「01000110」とパリティビット

　受信側では，データの1の個数が偶数か奇数かにより，データの通信時に誤りがあったかどうかを判定できる。この考え方でいくと ［ エ ］。

　例えば，16進法で表記した「7A」を2進法で8ビット表記したデータに，図1と同様にパリティビットを追加したデータは，「［ オ ］」となる。

──── エ の解答群 ────

⓪ パリティビットに誤りがあった場合は，データに誤りがあるかど
  うかを判定できない

① パリティビットを含め，一つのビットの誤りは判定できるが，ど
  のビットに誤りがあるかは分からない

② パリティビットを含め，一つのビットの誤りは判定でき，どの
  ビットに誤りがあるかも分かる

③ パリティビットを含め，二つのビットの誤りは判定できるが，ど
  のビットに誤りがあるかは分からない

④ パリティビットを含め，二つのビットの誤りは判定でき，どの
  ビットに誤りがあるかも分かる

──── オ の解答群 ────

⓪ 011110100　　① 011110101　　② 011110110

③ 011110111　　④ 101001110　　⑤ 101001111

（令和7年度 大学入学共通テスト「情報Ⅰ」試作問題）

解説・解答

問1 の解説

おー、パリティビットの問題です。楽しみ。

これ、通信分野じゃなくても、色んなところで見かけます。生徒番号や学籍
番号の最後に余計な記号が入ってることありませんか？

　　040072D　こんなやつ

040072が生徒番号なんですけど、書き間違えたりするから検査用のデータ
が欲しいんです。そこで、各桁を足して、0＋4＋0＋0＋7＋2＝13とします。
この13を16進数で表してDに置き換えて、最後にくっつけました。

これでうっかりさんがマークミスして、141172Dなんていうふうにマークシートを塗りつぶすと、計算が合わなくなって「間違いがあった」と気づけます。

問題の条件では、送信データの1の個数を数えて、1の個数が偶数ならパリティビットを0にしろ、1の個数が奇数ならパリティビットを1にしろって言ってます。ようは全体を見渡したときに1の個数を偶数にしたいわけです。

これ、かんたんでとっても冴えた方法なのですが、かんたん故に限界もあります。データ伝送ミス（0が1に化けちゃうとか）が奇数個なら発見できますけど、偶数個だとミスがあっても正しいパリティビットになっちゃいます。また、どの部分を伝送ミスしたのかもわかりません。選択肢から選ぶとすると、①が該当します。

問1 ┃ エ ┃ の解答 …… ①

16進数7Aを2進数に直すと、0111　1010　です。1の個数を数えていくと5個で奇数ですから、パリティビットとして1を加えることになります。したがって、組み上がるデータは　011110101　です。

問1 ┃ オ ┃ の解答 …… ①

問2 次の文章の空欄 ┃ ク ┃ ～ ┃ コ ┃ に入れるのに最も適当なものを，それぞれの解答 群のうちから一つずつ選べ。

次の図1は，モノクロの画像を16画素モノクロ8階調のデジタルデータに変換する手順を図にしたものである。このとき，手順❷では ┃ ク ┃ ，このことを ┃ ケ ┃ 化という。手順❶から❸のような方法でデジタル化された画像データは， ┃ コ ┃ などのメリットがある。

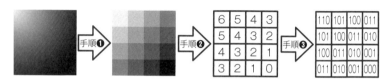

図1　画像をデジタルデータに変換する手順

┌─── ［ ク ］ の解答群 ────────────────────────┐
⓪　区画の濃淡を一定の規則に従って整数値に置き換えており
①　画像を等間隔の格子状の区画に分割しており
②　整数値を二進法で表現しており
③　しきい値を基準に白と黒の2階調に変換しており

┌─── ［ ケ ］ の解答群 ────────────────────────┐
⓪　符号　　①　量子　　②　標本　　③　二値

┌─── ［ コ ］ の解答群 ────────────────────────┐
⓪　コピーを繰り返したり，伝送したりしても画質が劣化しない
①　ディスプレイ上で拡大してもギザギザが現れない
②　データを圧縮した際，圧縮方式に関係なく完全に元の画像に戻す
　　ことができる
③　著作権を気にすることなくコピーして多くの人に配布することが
　　できる

（令和7年度「情報」サンプル問題）

解説・解答

問2の解説

　画像をデジタルデータに変換する手順が問われています。標本化→量子化→符号化とやっていくのでしたよね。ここでは、手順❶が標本化、手順❷が量子化、手順❸が符号化です。

ク　の解答群はこの手順についての、いい感じの説明文になっています。

⓪　量子化の説明です。

①　標本化の説明です。

②　符号化の説明です。

③　量子化の説明ではあるのですが、2階調（白：1か黒：0か）ではなくて、中間のグレーも2や3といった数値で表現しています。したがって、誤答です。

問2　ク　の解答 …… ⓪

問2　ケ　の解答 …… ①

　デジタルデータの長所はコピーを低コスト、迅速、劣化なしで行えることでした。したがって、　コ　は⓪が正解になります。①は画像の描き方を記録している（ベクタ画像）のであればギザギザになりませんが、画素の集合として記録している（ラスタ画像）と拡大したときギザギザ（シャギー）になります。

問2　コ　の解答 …… ⓪

問3　伝送速度が20Mbps（ビット／秒），伝送効率が80％である通信回路において，1Gバイトのデータを伝送するのにかかる時間は何秒か。ここで，1Gバイト＝10^3Mバイトとする。

ア　0.625　　　イ　50　　　ウ　62.5　　　エ　500

（令和2年秋期ITパスポート試験）

解説・解答

問3の解説

伝送速度が20Mbpsと書かれています。

1秒間に20Mビットの情報を送る能力を持っているわけです。しかし、伝送効率は80%ですから、ノイズの混入や通信の混雑によって本来持っている能力の8割しか発揮できないことがわかります。

　　20Mビット × 80% = 16Mビット

ですから、1秒間に16Mビットのデータを伝送できると思って問題を解かないといけません。

　送りたいデータは1Gバイトです。ここでよく間違えるのは、単位の合わせ忘れ（ビットとバイト）なのですが、この出題者はやさしいので要所要所で「ビット」「バイト」とちゃんと書いてくれていて、注意を促してくれています。

　さらに言えば、キビ換算（2の10乗で1024）とか、難しいこと考えなくていいよと「1Gバイト = 10^3Mバイトとする」とわざわざ宣言してくれています。とことんやさしい人です。

　そこで、やさしさに乗じて、1Gバイト = 1000Mバイト = 8000Mビットと展開していきます。これを何秒で送れるかなので、

　　8000Mビット　÷　16Mビット/秒　=　500秒

と導けます。

　　　　　　　　　　　　　　　　　　　　　　　　　問3の解答 …… エ

第3講

コンピュータと
プログラミング

単元 ❶ コンピュータの構成

コンピュータはよく**5つの機能**から作られている、って言われます。**5大機能**というやつです。

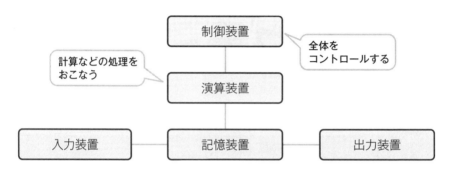

制御装置	ほかの4つの装置を協調して動作させる装置。全体をコントロールする。
演算装置	計算などをする装置。クロック周波数（単位：GHz）などの、動作速度で性能を表す。
記憶装置	演算装置は計算できるけど、記憶はしておけないというふざけた性質をもっているので、こいつが記憶を担当する。
入力装置	計算のネタになるデータを記憶装置に投入する機械。キーボードやマウスなどが該当。
出力装置	計算結果を人にわかる形で排出する装置。ディスプレイやプリンタなどが該当。

入力装置は、**キーボード**や**マウス**、**ゲームコントローラ**や**スタイラス**（**タッチペン**）などです。コンピュータは、極端な言い方をすれば、何かを入れて何かを出す機械（足し算命令を**入力**して、足し算結果を**出力**するとか）なので、その「入れる」部分を司るのが**入力装置**です。

入力装置

キーボード　マウス　ゲームコントローラ　スタイラス

出力装置は、**ディスプレイ**や**プリンタ**、**スピーカー**などです。コンピュータが何らかの処理をした結果を、人間に**伝えるための装置**です。

出力装置

ディスプレイ　プリンタ　スピーカー

　小型軽量化や利便性向上のために**複数の装置**が組み合わさっていることもあります。**タッチパネル**は、**入力装置**と**出力装置**を兼ねている例です。また、**IoT**のところでも触れたように、近年では**各種のセンサ**も重要な**入力装置**になっています。ちょっとスマホを思い出してみても、**加速度センサ**や**ジャイロセンサ**、**明度センサ**、**温度センサ**、**近接センサ**、**音声センサ**、**視覚センサ**などがついています。アプリさえ入れればスマホが歩数計としても動作するのは、これらの**センサのおかげ**です。

製品写真：キーボード・マウス（ロジワール社）、ゲームコントローラー・スタイラス（エレコム社）、ディスプレイ（Dell社）、プリンタ（HP社）、スピーカー（サンワサプレイ社）

タッチパネル

　演算装置は入力したデータを元に実際に**計算を行う部分**で、**制御装置**は他の４つの装置がちゃんと連携して動作するように**全体をコントロールする部分**です。コンピュータの場合はこの**２つをセット**にして**CPU（中央処理装置）**という部品にしています。**コンピュータの中核部分**です。

　余談ですが、**CPUの性能を表す指標**で、試験でよく問われるものに**クロック周波数**があります。**周波数**は**音のデジタル化のところ**でも学習しましたが、「１秒間に何回やるか」でしたよね。CPUの場合は**１ヘルツ**だと、「１秒間に１回動作する」ことを指します。**3GHz（ギガ・ヘルツ）**であれば、**１秒間に30億回動作**するわけです。

　あんまりクロック周波数を上げすぎると電池をたくさん消費したり、熱くなったりするので、近年ではやみくもにクロック周波数を上げるよりは**CPUを複数搭載**するような速度向上策がとられています。

　記憶装置は**入力した内容**や、**出力する内容**、**計算した結果を覚えておく部分**です。せっかく計算しても、結果を覚えておけなければ意味がないので、とっても重要です。**CPUと直接やり取りできる記憶装置を主記憶装置（メインメモリ）**といいます。主記憶装置はとても素早い速度で保存と読み出しができますが、高価なうえに記憶できる容量も小さいのが難点です。また、一般的には**電源を消すと、記憶内容を喪失**してしまいます。

　そこで、主記憶装置には保存しきれない**大きなサイズのデータ**や、電源を落とした後も**保存しておきたいデータ**を記憶しておく**補助記憶装置（ストレージ）**が作られました。**CD**や**DVD**、**ブルーレイ**、**USBメモリ**、**ハードディ**

スク、**SSD**などは補助記憶装置です。安価で大容量ですが、主記憶装置と比べると読み書きが遅いのが難点です。また、CPUと直接やり取りをすることはできないので、補助記憶装置に保存や読み出しをする場合には、主記憶装置を経由して行います。

記憶装置

主記憶装置（メインメモリ）

補助記憶装置（ストレージ）

コンピュータの機能を考えるとき、**ハードウェアとソフトウェア**に**二分する方法**もよく使われます。

ハードウェアは**手で実際に触れることができるもの**のことなので、比較的わかりやすいと思います。**パソコンの本体**（**筐体**といいます）や**キーボード**、**マウス**、**スマホ**はハードウェアです。

ソフトウェアはそれを**動作させるしくみ**のことです。**PS5（ハードウェア）**だけあっても、たぶん面白くないです。そこで**ゲーム（ソフトウェア）**が記録された**ブルーレイ**を突っ込んで遊びます。ブルーレイのディスクはハードウェアでは？ と思うかもしれませんが、**ソフトウェアという実体のないものを記録するメディア**だと考えてください。

製品写真：タッチパネル（Dell社）、USBメモリ・SSD（エレコム社）

コンピュータはすごく変わった機械です。ふつうの機械は作った時点で使い方が決まっています。洗濯機は洗濯に、鼻毛切りは鼻毛を切ることに使うと思うんです。でも、コンピュータは作った時点では使い方が確定しておらず、ゲームソフトをもってくればゲーム機に、映画のDVDを持ってくれば映写機になります。その意味で、**コンピュータにとってソフトウェアは非常に大事**です。

コンピュータにとってソフトウェアは**指示命令書**のようなもので、「ゲーム機として動け！」と言われればゲーム機になりますし、「映画を表示しろ！」と言われれば映写機になります。その**汎用性の高さ**がコンピュータの素晴らしさですが、言葉を換えればソフトウェアがないと動作できません。「**コンピュータ、ソフトなければただの箱**」という川柳は伊達ではないのです。

そのため、コンピュータには有無を言わさず**基本的な機能を実行するソフトウェア**を入れておかないといけません。ソフトウェアがないと、電源すらまともに入らないからです。いっぽうで、「基本的な機能を実行するソフトウェア」にあんまり何でもかんでも盛り込みすぎると、容量ばかり大きくなって動作は遅くなります。

そこで、「誰でも使うであろう超基本機能」を**基本ソフトウェア**（**OS**）としてコンピュータに入れて（**インストール**）おき、人によって使うか使わないかわからないマニアックな機能は**応用ソフトウェア**として「必要に応じて、入れたり消したりしてね」となっています。

PCの**Windows**やスマホの**Android**、**iOS**はOSです。OSには一般的に、次のような機能が盛り込まれています。

ファイル管理	……データをファイルとしてまとめ、名前をつけてストレージに保存したり、読み出したりする。
メモリ管理	………あのアプリにはこのくらいメインメモリを割り当ててあげよう、などと決める。
タスク管理	………複数のアプリを同時に動かしたり、どのアプリに何％くらいCPUを割り当てるかを決める。
入出力管理	………キーボードから入力される文字を受け付けたり、ディスプレイに何をどう映すかを決める。

> **ネットワーク管理** 他のコンピュータに通信を送ったり、受け取ったりする。

　応用ソフトウェアのことを英語で**アプリケーションソフトウェア**といいます。過去にはこれを「**ソフト**」と略していたのですが、近年は「**アプリ**」と略すことが増えました。確かに「ソフト」だと基本ソフトなのか応用ソフトなのかわからないので、アプリのほうがいいような気もします。

　ブラウザ（Webページを見るためのアプリ）や、**メールアプリ**、**ゲーム**などは**応用ソフトウェア**の例です。

　全体の管理は**OS**がやっているので、**ゲームコントローラ**を操作すると、「おお、右ボタンが押されたぞ」などと**OSが読み取り**、それを**ゲームアプリに伝えます**。ゲームアプリはその結果こんな画面になったぞとOSに伝え、OSはそれをディスプレイに表示します。

ハードの違いをOSが吸収する

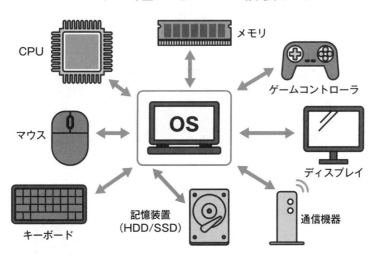

　OSはもう一つ、大事な機能を担っています。各ハードウェアを差を隠すのです。以前は、A社コンピュータ向けのアプリ、B社コンピュータ向けのアプリと、**コンピュータごとに別々にアプリを作っていました**。A社とB社でコ

ンピュータへの指示の仕方が異なるので仕方がなかったのですが、アプリを作る人にとってはたまったものではありません。

　そこで**OSがその差を吸収**して、A社コンピュータでもWindowsが動いている、B社コンピュータでもそうだ。だから、アプリを作る人は「Windows向け」にアプリを作れば、各社のコンピュータの細かい違いは気にしなくていい、となりました。とてもアプリが作りやすくなって、今のコンピュータの普及に一役買っています。

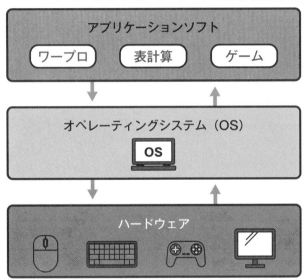

ハード、OS、アプリの三層構造

コンピュータの動作のしくみ

　フォン・ノイマンという人は、記録により非常に**変わり者のおじさん**であったことがわかっています。しかし、まぎれもない天才であり、コンピュータのみならず数学、物理学、経済学、気象学にまで通じていました。ノーベル賞に情報分野賞は存在しませんが、いくつも受賞していてもおかしくない人です。最初のコンピュータにも原子爆弾にもこの人がかかわっています。大学で習う「ゲーム理論」はノイマンが趣味のチェスをやっている最中に思いついたと言われています。遊んでいるときにノーベル賞級のアイデアを思いつかれたら、他の研究者はたまったものではありません。そこで、彼の暴飲暴食に対して「難しい計算はできるけど、カロリー計算はできない」などと悪口がささやかれました。

フォン・ノイマン

John von Neumann (Los Alamos)

　今のコンピュータの基本動作はノイマンが考えました。**記憶装置**に命令群（**プログラム**）を格納して、それを**演算装置**が順番に読み出し、命令の通りに実行していくのです。これを**ノイマン型コンピュータ**と呼びます。

命令は演算装置によって実行されますが、その命令を実行するのに別の
データが必要になるかもしれません。たとえば、「絵を表示しろ」と命令されれ
ば、「絵はどこだ？」という話になります。

　その場合、**入力装置**や**補助記憶装置**から**主記憶装置**に**データが読み出され**
て、**演算装置**に渡されます。プログラムそのものや、こうしたデータを主記
憶装置のどこに割り当てるかは**制御装置**が**番地によって管理**します。データ
ごとに、「これは何番地に記憶する」と決めるんです。

　1つの命令が実行されると、制御装置は次の命令を実行します。いま命令群
（プログラム）のどこを実行してるんだっけ？　という情報は、**プログラムカ
ウンタ**に格納されています。**終了命令**にいきつくまで、制御装置はこの作業
を繰り返します。

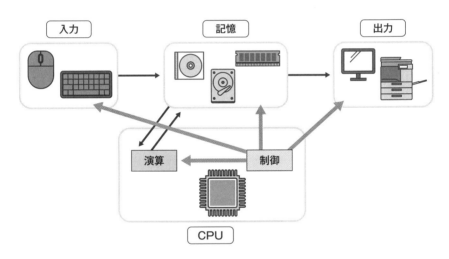

　コンピュータとは、極端な言い方をすれば、**単純作業を飽きもせず、間違
えもせず、信じられないほど大量に、途方もない速さで実行する機械**です。

　最新の**3Dゲーム**などを見て、「魔法みたいだな。どんなしくみでこんなふ
うに動いてるのか、想像もつかないや」と思っても、分解して分解して分解し
ていくと、最終的には**単に足し算の組み合わせ**であったりします。

　その、分解して分解して分解して見たときの、**コンピュータの超基本部分**
（**基本論理回路**といいます）がどうなっているのか、理解しておきましょう。

AND回路

AND $A \cdot B$

　入力が2つ（AとB）あって、0か1かが入力されてきます。どちらの入力も1であったときだけYに1を出力するのが**AND回路**です。それ以外のケースでは**Yに0を出力**します。

OR回路

OR $A + B$

　AND回路と異なり、**A、Bどちらかの入力が1であれば、Yに1を出力**するのが**OR回路**です。**どちらの入力も0だったときだけYに0を出力**します。

NOT回路

NOT $\overline{A}$ A ▷○ out

　NOT回路は**入力が1つ**です。**入力と反対の数値を出力**します。0が入力されてくれば、1を出力するわけです。

XOR回路

XOR $A \oplus B$

2つの入力が合致しないときだけ、**Yに1を出力**するのが**XOR回路**です。ひねくれてますね。**入力が合致する**（Aも1、Bも1とか）と、**Yには0を出力**します。

半加算器

　AND、**OR**、**NOT**といった**基本論理回路**を組み合わせると、**足し算をする回路**を作ることができます（色んな組み合わせ方があります）。その一例を示してみましょう。

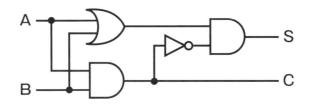

　2進数で1桁の足し算をするとき、結局は**4パターン**しかありません。

$$0 + 0 = 0$$
$$0 + 1 = 1$$
$$1 + 0 = 1$$
$$1 + 1 = 10$$

　そこで基本論理回路を組み合わせて、**足される数**と**足す数**を**A**と**B**に割り当てたのがこの回路です。**AND演算**、**OR演算**、**NOT演算**を組み合わせることで、計算結果の**1桁目**を**S**、**2桁目**（繰り上がりが生じた場合はここが1になる）を**C**として出力しています。

半加算器

A	B	C	S
0	0	0	0
0	1	0	1
1	0	0	1
1	1	1	0

全加算器

　半加算器は**下の桁から繰り上がってきた数値**のことは考えていませんでした。**半加算器を2つ組み合わせる**ことで、下の桁からの**繰り上がりを入力として受け止め、計算する**ことができます。

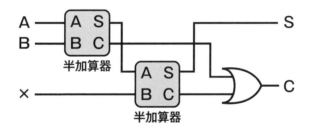

　これは**2桁の加算機**ですが、組み合わせを繰り返していくことで、**x桁の加算器**を作ることができます。

単元 ❸

アルゴリズム

アルゴリズムとは、ある**問題を解決するための手続き**のことです。「歯が汚れている」問題を解決するためには、おもむろに歯ブラシを取り出し、そこへ歯磨きペーストを適量載せ、歯ブラシを歯に最大面積で密着させ、ごしごしとピストン運動を繰り返して汚れを除去するのがいい方法かもしれません。これは歯磨きアルゴリズムです。

また、「膀胱が破裂しそう」問題を解決するためには、トイレを発見し、そこへ飛び込み、下着を脱ぎ、排泄をすることが肝要です。これは排泄アルゴリズムです。

アルゴリズムでは、その**順序が極めて重要**です。トイレでも将棋の指し手でも、手順が前後すると壊滅的なダメージが生じます。上記手順で排泄と下着を脱ぐ順番を入れ替えてみてください。**地獄の釜が開くような事態**が発生するはずです。

アルゴリズムの制御構造

アルゴリズムは**3つの制御構造**と、**入出力**で表現することができます。

順次構造

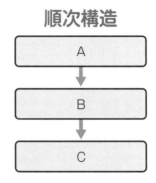

上記で説明したように、アルゴリズムは順番が大事です。**上から順に仕事を実行していくのが原則**で、この原則を表しているのが**順次構造**です。

反復構造

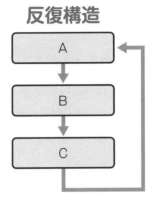

コンピュータに仕事を任せる以上、人間は楽をしたいんです。それなのに、10億回「1」を表示したいとき、「1を表示して」と10億回命令するのでは、ちっとも楽ができません。そこで、「**〜回繰り返せ**」とか「**合格点が取れるまでやり続けろ**」**と命令**するのが**反復構造**です。

分岐構造

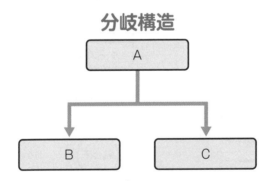

「問題を解決するための手続き」は、条件によってやることが変わるかもしれません。雨が降っていれば傘を持っていきますが、降水確率0%なら荷物になるだけだと思います。このように「**〜だったらBをする**」「**〜の場合はCを行う**」といった**枝分かれを行う**のが**分岐構造**です。

私はゲームのプログラムを書くのが趣味ですが、ゲームのプログラムなんて

分岐の塊です。いま撃った弾は敵に当たったのか当たらなかったのか、当たった場合ビーム兵器だから貫通するのかそれとも実体弾なので貫通しないのか、引いたガチャはSSRなのかURなのか、すべて分岐によって進んで行きます。

フローチャート

アルゴリズムは日本語でつらつら書いていくよりも、**図にした方がずっとわかりやすく**示せます。**アクティビティ図**や**状態遷移図**などが用いられますが、最もよく使われるのが**フローチャート**です。

フローチャートとその記号

開始／終了	開始や終了を表す
処 理	具体的にやること
判 断	条件によって分岐する
ループ端 / ループ端	ループ端の間の処理を繰り返す
入出力記号	入出力されるデータ
結合子	別々の要素を接続する
ページ外結合子	別々の要素を複数のページで接続する
}	説明やコメントを特定の範囲で入れる

フローチャート図:

- 開 始
- 相手はデートしてくれる？ → Yes
- No
- 繰返し 相手が承諾してくれる
- 土下座する
- 繰返し
- デートする
- 終 了

状態遷移図の例

電源ボタンが押された
コンピュータが起動し、ディスプレイに
起動画面が表示される。

オフ

オン

電源ボタンが押された
スリープやシャットダウンなど、設定された
コンピュータの終了処理が行われる。

アルゴリズムの効率

アルゴリズムは単に目的を達成できるだけではなく、**効率も大事**です。

アルゴリズムA

　冷蔵庫の中を確認し、エナジードリンクがあれば飲む

（繰り返し100回／スタート）

　　英単語を1つ覚える

（繰り返し100回／エンド）

アルゴリズムB

　（繰り返し100回／スタート）

　　冷蔵庫の中を確認し、エナジードリンクがあれば飲む

　　英単語を1つ覚える

　（繰り返し100回／エンド）

　アルゴリズムAと**B**は、最終的に**英単語を100個覚える**点で、目的はいっしょです。最後まで実行すれば、同じく目的を達成することができるでしょう。

　しかし、最初にエナドリを飲んで**1回気合いを入れるだけのアルゴリズムA**と、英単語を1つ覚えるたびに冷蔵庫まで出向いてエナドリを飲まねばならない**アルゴリズムB**では全体の作業時間や費用はまったく違ってしまいます。

私はアルゴリズムBのほうが好きですが、**時間とお金の効率**を考えるなら**アルゴリズムA**を選ばねばなりません。

実際、仕事の現場では**いいアルゴリズム**を作れれば**100万円のコンピュータ**ですんだのに、**悪いアルゴリズム**しか思いつけなかったので仕事量が増え、増えた仕事量を処理するために**1億円のコンピュータ**が必要になったなどの事例がごろごろあります。

一般的にアルゴリズムには、

- 正確であること（必ず目標を達成できること）
- 効率がいいこと
- 誰が見てもわかりやすいこと

が求められます。

教科書でよく紹介されるアルゴリズムは、**ソート**と**探索**です。

ソートとは**並び替え**（**整列**）のことで、バラバラのデータを**昇順**（**小さい順**）や**降順**（**大きい順**）に並び替えるものです。単に並び換えかと思っても、本当に**色々なやり方**があり、それぞれ**優れている点**、**劣っている点**があります。

選択ソート

① 全体の中から最小値（最大値）を探して、先頭にもっていきます。
② 先頭（最小値として確定）を除いた残りの部分から最小値を探して、2番目にもっていきます。
③ 以下、全部並べ替えるまで繰り返します。

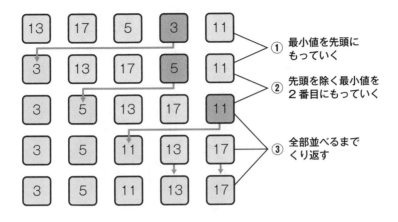

①	最小値を先頭に もっていく
②	先頭を除く最小値を 2番目にもっていく
③	全部並べるまで くり返す

バブルソート

たとえば、左から小さい順に並べ替えたいとします。先頭から**隣り合った数値を比較**して、**左のほうが大きければ入れ替え**ます。**小さければそのまま**です。

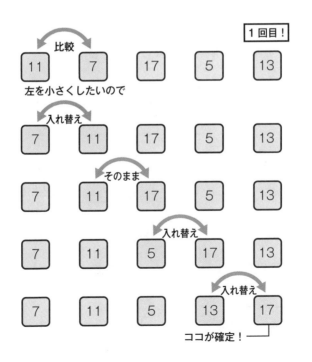

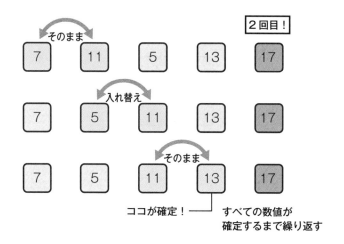

クイックソート

基準となる値を決めて、その値未満のものを左側に、その値**以上のものを右側**に配置していきます。

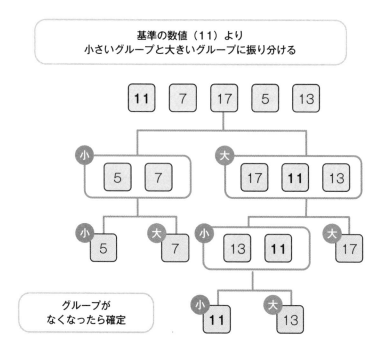

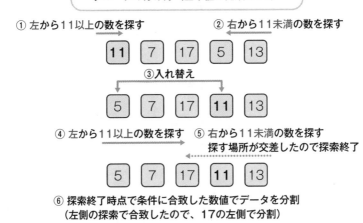

グループの分け方（基準値は先頭の11）

① 左から11以上の数を探す　　② 右から11未満の数を探す

| **11** | 7 | 17 | 5 | 13 |

③入れ替え

| 5 | 7 | 17 | **11** | 13 |

④ 左から11以上の数を探す　⑤ 右から11未満の数を探す
　　　　　　　　　　　　　探す場所が交差したので探索終了

| 5 | 7 | 17 | **11** | 13 |

⑥ 探索終了時点で条件に合致した数値でデータを分割
　（左側の探索で合致したので、17の左側で分割）

小 | 5 | 7 | 11未満　　**大** | 17 | **11** | 13 | 11以上

各アルゴリズムの計算時間を比較

　各アルゴリズムが**どのくらいの効率でデータを整列できるか**は、「さいしょにデータがどんな並び方をしているか」などで変わってきます。そのため**一概にこれが一番とはいえない**のですが、**平均計算時間**や**最悪計算時間**の特性は示すことができます。これは情報Iの範囲では覚える必要はありませんが、**参考として**示しておきます。**クイックソート**は名前の通り速いんだけれども、データの並び方や数によっては他と変わらないぞ、くらいに思ってください。

アルゴリズム	平均計算時間	最悪計算時間
選択ソート	n^2	n^2
バブルソート	n^2	n^2
クイックソート	$n \log n$	n^2

　探索アルゴリズムでよく紹介されるのは、**二分探索法**です。**探索する対象のデータ群**を**まず昇順や降順に整列**しておいて、その**真ん中のデータ**と**探索するデータ**を比べます。

一発で「当たり」になればそこで終了です。もし探索しているデータでなかった場合は、大小関係を調べ、小さければ真ん中よりも小さいデータ群に対して、大きければ真ん中よりも大きいデータ群に対して、同じことを繰り返していきます。

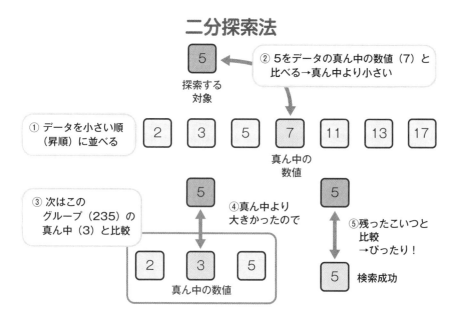

　このやり方であれば、単に先頭からデータを探していったり、逆に末尾からデータを探していったりするより、**素早く探しているデータを発見できる**「**可能性が高い**」です。もちろん、データの並びと、探しているデータにより、「冴えない探索アルゴリズムで考えちゃったんだけど、**たまたま1発目で当たりを引き当てる**」可能性があることも覚えておいてください。

単元❹ プログラム

アルゴリズムによって**問題の解決方法**を、定式化することができました。それをコンピュータに実行させるには、**色々なやり方**があります。用途にあったアプリを買ってきて、アイコンをマウスでかちかちクリックして実行するのもアリです。

でも、あるアルゴリズムを考えたとき、それをばっちり実行してくれる市販アプリはないかもしれませんし、毎度アプリを自分で操作するのではなく**自動実行**したいですよね。その場合は**プログラム**を作ることになります。**プログラムを作る作業**を**プログラミング**といいます。

コンピュータは、お願いしたことを実行してくれる機械です。お願いしないと動きません。お願いの方法は、究極的には**コンピュータが理解できる言語**である**機械語（マシン語）**を覚えて、**機械語であれこれ命令する**しかありません。

ただ、英語だけでも四苦八苦しているのに、**機械語を覚えようという人はなかなかいない**んです（中には**機械語の詩人**などと呼ばれる人もいますが、特殊な例です）。そこで、機械語でアプリを作り、その**アプリ**は指でタッチしたりすることで動かせるから、一般の人はそうやってコンピュータを操ってね、とやるわけです。

でも先にも述べたように、**自分のやりたいこと**がすべてアプリになっているわけではありませんから、そうした仕事をしたいとき、自分だけの**オリジナルゲーム**を作りたいとき、などはプログラムを作る必要が出てきます。

プログラムはコンピュータに「この仕事をやって」と頼むための文書で、命令文が書き連ねてあります。たいそうな名前がついていますが、ようは運動会のプログラムといっしょです。やることが順番に書いてあるだけです。

違うことがあるとしたら、次の2点です。

1. コンピュータに仕事を頼むときの細かさ（粒度）は、ハンパなく細かい
2. プログラミング言語を使う

　人間ってものすごく頭がいいので、人間が相手だと「大玉転がしをやろう」「歯を磨け」といった雑な指示が通っちゃうんです。でも、**コンピュータはそうはいきません**。あれは未就学児くらい細かく細かく、スモールステップで「やること」を教えてあげないと満足に動かない機械です。

> ・歯磨きペーストの定義
> ・歯ブラシの定義
> ・歯ブラシを持つ
> ・持つとは利き手で歯ブラシをグリップすることである
> ・歯ブラシの毛先部分に歯磨きペーストを塗布する
> ・けっして歯ブラシの持ち手の部分に塗布するものではない

　このくらい（実際にはもっと）**細かくかみ砕いて**あげないと、コンピュータには意味が通じません。この辺の「仕事を頼むときの、人間とコンピュータでの粒度の違い」が**プログラミングの難しさ**の一因だと思います。

　プログラミング言語とは、プログラミング用に作られた人造言語です。**機械語**（0と1でできている）は人間が理解するには難しい……というか、細かすぎたり、**人間の感覚と合わない**ので、もうちょっと**人間の感覚に合う人造言語**で命令を書いて、**機械語に翻訳**します。

　翻訳するなら、日本語→機械語にしてよと思いますが、日本語や英語は文法が曖昧すぎて翻訳機を作るのがめっちゃ大変です。そこで**翻訳しやすい人造言語**である**プログラミング言語**が作られました。広い意味での「プログラミング」には、「プログラムによって、どんな問題を解決したいのか構想する」、「その解決策をコンピュータに指示するときに、どのくらいまでかみ砕くか考える」などの作業が含まれますが、「プログラミング」をもっと狭く捉える考え方

もあります。

　ある仕事をプログラミング言語に置き換える作業（実際に**プログラムを書く**
こと）を**コーディング**といい、**この（狭い）意味で「プログラミング」を使う**
場面もあるのです。 参考書などを読むときは**文脈に注意**しましょう。

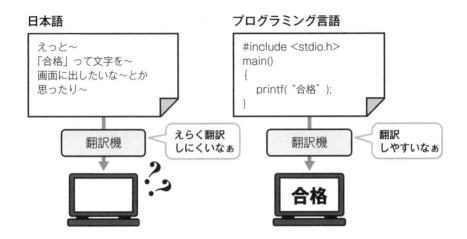

　プログラミング言語も、自然言語における英語や日本語と同じで**様々な種**
類があります。ある言語は**事務処理が得意**で、別の言語は**科学計算が得意**
だったりします。また、時の経過とともに**流行り廃り**もあります。過去に事
務処理言語として一世を風靡して銀行などでさんざ使われた**COBOL**という
プログラミング言語は、現在では「**高齢者しか使えない特殊な言語**」などと雑
誌で紹介されました。今でも**COBOLで動いている銀行システムは多い**です
けれども。

　現在の流行りは**Web関連システム**が得意な**Java**や、**AI開発やデータサ**
イエンス分野でよく使われる**Python**などです。

　出来上がった**プログラムを機械語に翻訳する翻訳機**のことを、**インタプリ**
タや**コンパイラ**といいます。**インタプリタ**はプログラムを**一文一文翻訳**して、
つど実行する**翻訳機**です。**コンパイラは完成したプログラムをまるっと一気**
に翻訳します。

　英文を日本語訳するときもそうですが、全体を眺め渡してから翻訳したほう

が効率よく、自然な日本語にできると思います。プログラミング言語でもそうで、コンパイラのほうがメモリを消費しない、**実行速度の速い機械語**を作成可能と言われています。

いっぽうの**インタプリタ**は**一文一文訳して実行**しますので、まだ完成していないプログラムでも**試しに動かせる**などの利点があります。また、プログラムの間違い（バグ）を見つけるのはなかなか大変な作業ですが、インタプリタの場合は訳しながら実行しているので、実行中に止まったらいま訳していた箇所が間違いである確率が高いです。

ただし、現代のインタプリタやコンパイラは**互いの長所を取り込んで進歩**していますので、実際に使ってみると教科書の説明通りではなかったりします。

また、これらによって翻訳された機械語は実は**そのままでは動きません**。実際に**動かすときに必要になる設定やファイルを追加**する**リンク作業**を経て、はじめて**実行可能ファイル**（ふだん使っているアプリもこれです）になります。

コンピュータを簡単に使うためには出来合いのアプリがありますし、プログラムを作るにしても**ノーコード**や**ローコード**といって（**小学校のプログラミング教育**でよく使われる「**スクラッチ**」を想像してみてください。レゴブロックのようなパーツを組み合わせることでアプリを作ることができるので、プログラミング言語でがりがり**コーディング**していくのとは様子が違います）、あまりコーディングしなくても最終的なアプリを作成可能なツールも出回っています。最近では**生成系AI**に**プログラムを作ってもらう**ことも可能になりました。

でも、コンピュータを自分の思い通りに自在に動かすには、プログラミングの知識が必要です。また、**ノーコード**や**ローコード**、**生成系AI**が作ったプログラムが本当に間違いがないのか、重要なアプリであればあるほど、確認せずには売り出せないことがあります。そんなときにも、プログラミングの知識が求められます。そもそも、ある程度の**プログラミングの知識**がないと、「これはコンピュータによって解決すべき問題か？　それとも別の手段のほうが向いている問題か？」を判断できません。将来、直接プログラムを作る仕事につかなくても、プログラミングの知識は習得しておいたほうがいいです。

いま、コンピュータは普及して、**社会の基盤部分を担うインフラ**になっています。日本は法治国家です。社会の基盤部分は法律をベースに作られています。そういう状況では、**法律を知っている人**は得をしますし、知らない人は損をします。だから、学校で法律を習って、損をしないようにしてるわけですよね。経済もそうです。**お金のしくみを知ってる人**と知らない人では、一生のうちに儲ける金額に大きな差が出るでしょう。

　これからは**情報技術**がその仲間に加わります。せっかく情報Iを学んでいただいている人に損をして欲しくないです。期末試験や入学試験が終わったら忘れるのではなくて、**生きる力**にしてください。

コンピュータの計算と誤差について

　コンピュータは**計算を正確に行う機械**のイメージがありますから、計算間違いが発生するとは想像できません。でも、けっこう間違えます。間違えるというか、「人間の仕事の仕方とコンピュータの仕事の仕方が違うので、**人間の思ったとおりの結果にならない**」ことがあるんです。**誤差**ですね。

　丸め誤差は日常生活でもよく遭遇します。**四捨五入**や**切り上げ**、**切り捨て**を行うと、**実際の値と処理後の値**には**差**が生じます。

　打ち切り誤差は**計算を途中で打ち切らざるを得ない場合**に発生する**誤差**です。円周率を無限に計算することはできません。私たちは3.14のような**近似値**で計算することに慣れていますが、ここでは**打ち切り誤差**が出ています。

　情報落ちは、**絶対値の差が大きな値同士**で足し算や引き算を行うことで起こる誤差です。たとえば、メモリ容量の関係で**有効桁数を4桁**にし、どこに小数点を置くかは状況によって変えられるとします。

　このとき、1000は4桁ですから扱えます。0.001も4桁に収まるので扱えます。でも**足し算**すると、1000＋0.001＝1000.001になって**有効桁数の4桁を超えて**しまいます。システムは**0.001の部分**を**四捨五入**するなどして**有効桁数のなかで扱おうとする**ので、**誤差**が生じるわけです。

　Excelを使って、本当に誤差が出るものなのか確かめてみました。けっこう

誤差が出ることに驚かれるのではないでしょうか。

　誤差が出ているか出ていないかの確認には、次の関数を使っています。A列からB列を引いた値はすべて0.1か0.3になるので、本来であればこの式で誤差が発生するはずはありません。でも、実際に計算してみると0.1や0.3にならないケースが出てきて、IF関数による判定で「誤差あり」と表示されているのです。

=IF((A-B=0.1),"誤差なし","誤差あり")

D2		fx	=IF((A2-B2=0.1),"誤差なし","誤差あり")
	A	B	C	D
1	引かれる数	引く数	本来の差	ほんとに差は0.1？
2	1.1	1.0	0.1	誤差なし
3	2.1	2.0	0.1	誤差なし
4	3.1	3.0	0.1	誤差なし
5	4.1	4.0	0.1	誤差あり
6	5.1	5.0	0.1	誤差あり
7	6.1	6.0	0.1	誤差あり
8	7.1	7.0	0.1	誤差あり
9	8.1	8.0	0.1	誤差あり
10	9.1	9.0	0.1	誤差あり
11	10.1	10.0	0.1	誤差あり

=IF((A-B=0.3),"誤差なし","誤差あり")

D2		fx	=IF((A2-B2=0.3),"誤差なし","誤差あり")
	A	B	C	D
1	引かれる数	引く数	本来の差	ほんとに差は0.3？
2	1.3	1.0	0.3	誤差なし
3	2.3	2.0	0.3	誤差なし
4	3.3	3.0	0.3	誤差なし
5	4.3	4.0	0.3	誤差なし
6	5.3	5.0	0.3	誤差なし
7	6.3	6.0	0.3	誤差なし
8	7.3	7.0	0.3	誤差なし
9	8.3	8.0	0.3	誤差あり
10	9.3	9.0	0.3	誤差あり
11	10.3	10.0	0.3	誤差あり

実際にプログラミングをしてみる

　簡単な**プログラム**を書いてみようと思います。プログラムを作り、実行する環境は学校や家庭ごとに違いますから、参考程度にご覧ください。**プログラミング言語**は**Python**を使いました。

　最初のテーマは**変数**です。ゲームを作っていて、点数を表示したいとき、最初から命令文の中に「100点を表示しろ」とか書けません。状況によって**点数が変化**するからです。そのような場合に用いるのが**変数**です。

　変数は多くの教科書で「**入れ物のようなもの**」と説明されます。この説明はプログラミング言語や実行環境によってあっている場合も、ちょっと違うよという場合もあるのですが、わかりやすいのでここでは変数を**入れ物**として説明しますね。

```
a=1
print(a)
```

　これは1行目で入れ物「**a**」に1を入れて（**代入**といいます）、2行目で入れ物「**a**」のなかみを表示するプログラムです。**この入れ物「a」のことを変数**と呼んでいます。もちろん変数の名前は**b**にしても**c**にしても構いませんし、複数の変数を使うことも可能です。このプログラムを実行すると、もちろん**1**が表示されます。

```
a=1
b=2
print(a+b)
```

2つめの**変数b**も登場させました。**変数a**には**1**を、**変数b**には**2**を代入して、3行目では**a+b**を計算した結果を表示しています。実行結果は**3**です。プログラムが上から順に実行されていることがわかると思います。**順次構造**といいました。

```
for a in range(10):
    print("おはよう！")
```

これは**繰り返し構造**を実現してみたプログラムです。

for命令は**繰り返し**を行うために使われる最もシンプルな命令文です。与えられたデータが存在する間、同じ処理を繰り返します。

「与えられたデータ」を作り出しているのが**range(10)**の部分で、これにより**10個のデータ (具体的には0 ～ 9) を生成**します。データがあるうちは繰り返し処理をするので、10回同じことを繰り返します。次々に作られていく**0から9までの値を保存**しているのが**変数a**です。

では、何を繰り返すのか？ 繰り返しの対象になる命令は**インデント (字下げ)** して書かれている**print**命令の部分です。このプログラムを実行すると、「おはよう！」を10回表示します。

ちょっとプログラムを作り替えてみましょう。

```
for a in range(10):
    print(a)
```

「おはよう！」ではなく、**変数a**のなかみを表示するようにしました。このプログラムを実行すると次のような結果が得られます。

```
0
1
2
3
4
5
6
7
8
9
```

分岐構造もプログラムで書いてみましょう。

```
a = 1
if a % 2 == 0:
    print("偶数です")
else:
    print("奇数です")
```

ifは**与えられた条件によって分岐を行う命令文**です。1行目で**変数a**に1
を代入しています。

2行目の**if**文では、**a**を**2**で割った**余りが0（つまり偶数）**だったら、
print命令を使って「**偶数です**」と表示し、それ以外だったら（余りが0以外：
つまり奇数）同じく**print**命令を使って「**奇数です**」と表示しています。文法
的にはこんな感じです。

---

if 条件：
    条件を満たしたときに実行する命令
else：
    条件を満たしていないときに実行する命令

変数には値を代入することができますが、**いくつかの値をまとめて扱えると便利**なことがあります。この機能を、**配列**もしくは**リスト**と呼びます。Pythonではリストといっています。

$$a = [100, 200, 300, 400, 500]$$

　これは**リストa**に**100**，**200**，**300**，**400**，**500**の5つの値を**代入**しているところです。

$$print(a[3])$$

　続く命令文で、**リストa**のうち**4番目の値**を表示します。この「**3**」のことを**添え字**といいます。Pythonの場合、添え字は**0から始まる**ので、**a[0]**には**100**が、**a[1]**には**200**が代入されているというわけです。添え字が3だと、4番目の値であることを示します。このプログラムを実行すると、**400**が表示されます。

```
a = [100, 200, 300, 400, 500]
for b in range(5):
    print(a[b])
```

　こんなふうにして、**リスト**に保存されている**5つの値をすべて表示**することもできます。**for**命令で**繰り返し**が行われるたびに、**変数b**のなかみが0から4まで変化していくので、

$$a[b]$$

と書くことで、リスト**a[0]**から**a[4]**までの**すべてを表示できる**わけです。

Pythonで使える演算子

算術演算子	使用例	説明
+	+a	正数
–	–a	負数
+	a + b	加算
–	a – b	減算
*	a * b	乗算
/	a / b	除算
%	a % b	剰余
**	a ** b	累乗
//	a // b	aをbで割った整数部分
代入演算子	**使用例**	**説明**
=	a = b	aにbを代入
+=	a += b	a = a + bと同じ
–=	a –= b	a = a – bと同じ
*=	a *= b	a = a * bと同じ
/=	a /= b	a = a / bと同じ
%=	a %= b	a = a % bと同じ
**=	a **= b	a = a ** bと同じ
//=	a //= b	a = a // bと同じ
&=	a &= b	a= a & bと同じ
|=	a |= b	a = a | bと同じ
^=	a ^= b	a = a ^ bと同じ
<<=	a <<= b	a = a << bと同じ
>>=	a >>= b	a = a >> bと同じ
比較演算子	**使用例**	**説明**
==	a == b	aとbが等しい
!=	a != b	aとbが異なる
<	a < b	aがbより小さい
>	a > b	aがbより大きい

`<=`	`a <= b`	aがb以下
`>=`	`a >= b`	aがb以上
`is`	`a is b`	aとbが等しい
`is not`	`a is not b`	aとbが異なる
`in`	`a in b`	aはbを含む
`not`	`a not in b`	aはbを含まない
ビット演算子	**使用例**	**説明**
`~`	`~a`	ビット反転
`&`	`a & b`	論理積（**AND**）
`|`	`a | b`	論理和（**OR**）
`^`	`a ^ b`	排他的論理和（**XOR**）
`<<`	`a << b`	左ビットシフト
`>>`	`a>>b`	右ビットシフト
ブール演算子	**使用例**	**説明**
`and`	`a and b`	aもbも真なら真
`or`	`a or b`	aまたはbが真なら真
`not`	`not a`	aが偽なら真
条件演算子	**使用例**	**説明**
`if else`	`x if c else y`	cが真ならxを偽ならyを返す
文字列演算子	**使用例**	**説明**
`+`	`a + b`	文字列aと文字列bを連結
`*`	`a * n`	文字列aをn回繰り返す
`[n]`	`a[n]`	文字列aの中のn番目の文字を取り出す
`[n:m]`	`a[n:m]`	文字列aの中のn番目からm番目までの文字列を取り出す
`[n:]`	`a[n:]`	文字列aの中のn番目から最後までの文字列を取り出す
`[:m]`	`a[:m]`	文字列aの中の0番目からm番目までの文字列を取り出す
`[n:m:s]`	`a[n:m:s]`	文字列aの中のn番目からm番目までの文字列をs個とばしで取り出す

プログラミング言語には多くの**関数**が用意されており、便利に活用することができます。自分で独自の関数を作ることすら可能です。

```
a = [300,700,900,400,200]
print(sum(a))
```

　これは**300,700,900,400,200**が代入されている**リストa**の**合計値を表示するプログラム**です。**sum**が**合計を計算するための関数**です。関数は、

その役目を果たすために何らかのデータを必要とすることがあります（必要としない関数もあります）。

　ここでは合計を計算するので、「**合計のもとになる各要素**」が必要ですよね。これを**引数**といいます。このプログラムでは**リストa**を引数として関数**sum**に渡しています。**関数が働いた結果、生み出される値**は「**戻り値**」です。ここでは合計である**2500**が**戻り値**になります。

```
a = [300,700,900,400,200]
print(max(a))   ← 最大値
print(min(a))   ← 最小値
print(sum(a))
```

　最大値や最小値を戻す関数ももちろん用意されています。関数は本当にたくさんあって、最初からすべてを利用可能にするとコンピュータの資源（CPUやメモリなど）を無駄に使ってしまいます。そこで、追加してはじめて使えるようになっているものもあります。

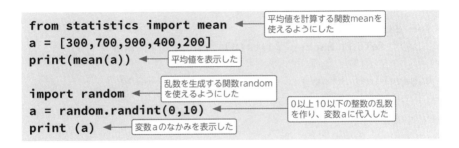

```
from statistics import mean   ← 平均値を計算する関数meanを
                                使えるようにした
a = [300,700,900,400,200]
print(mean(a))   ← 平均値を表示した

import random   ← 乱数を生成する関数random
                  を使えるようにした
a = random.randint(0,10)   ← 0以上10以下の整数の乱数
                             を作り、変数aに代入した
print (a)   ← 変数aのなかみを表示した
```

プログラムの応用

　プログラムが書けるようになると、たくさんのことができるようになります。メガネのフレームの生産で有名な**鯖江市**は、データをどんどん公開してくれる**オープンデータ**でも名の知れた自治体です。

　大量に公開されているデータのなかから、市内のWi-Fiの設置場所をダウンロードしてきました。

	F	G	H	I	J
	available	power	area	latitude	longitude
	6：00〜24：00	無	100m（西へ）	35.94327	136.18871
	6：00〜24：00	有	100m（南北）	35.946045	136.185484
	6：00〜24：00	有	30m（施設内）	35.956509	136.184193
	6：00〜24：00	有	30m（施設内）	35.956509	136.184193
	6：00〜24：00	無	30m（施設内）	35.962042	136.186488

　ただし、このままでは具体的にどのへんでWi-Fiが使えるのかは、よくわかりません。よく見るとデータの中に**緯度**（latitude）と**経度**（longitude）の情報があるので、**地図上にWi-Fiの場所を表示するプログラム**をPythonで書いてみました。

```
import pandas
import folium

a = pandas.read_csv("wifi.csv")
wifi = a[["latitude","longitude"]].values
b = folium.Map(location=[35.95, 136.2], zoom_start=16)

for data in wifi:
        folium.Marker([data[0], data[1]]).add_to(b)

b.save('wifi.html')
```

　わずか数行のプログラムですが、見事に地図上にWi-Fiの場所を示してくれました。

　ふだん使っているアプリを、プログラムから利用することもできます。たとえば、X（ツイッター）を使うとき、一般的にはXのアプリから投稿すると思います。でも、Xには**API（アプリケーション・プログラミング・インタフェース）**といって、プログラムからXを利用するための窓口が用意されているので、自動投稿プログラムを作れば、寝ている間もばんばんXに投稿することなどができます。なお、XをAPIから使うには**お金がかかる**ので、ご注意ください。もちろん、無料でAPIを使わせてくれるアプリもたくさんあります。

単元 **6**

問題のモデル化

　ある事柄から、本質部分を抜き出して、シンプルに表現したものを**モデル**といいます。**事柄をモデルに変換する作業**は**マッピング**です。まさに、**地図**はモデルのよい例です。現実の風景は雑多なデータから構成されていて、「迷わずに友だちの家に行く」にはいらないデータがたくさんあります。

　その中から「迷わずに友だちの家に行く」ために**必要な情報を抽出して、シンプルに表現するモデル化**を行います。すると、「友だちの家に行くための地図」が出来上がります。

　モデル化を上手に行うためには、その対象となる事柄のうち**どの要素が重要か**を判断し、要素間の関係を明らかにし、それをわかりやすく示すための**適切な表現方法**を選ぶことが大事です。別の問題解決のために再利用可能なモデルなら、なお良いです。

　たとえば**地球儀**なんてすごくいいモデルです。モデル化の対象である地球をシンプルに表現しつつ、大陸と大陸の関係や土地の高低などを的確に表しています。歴史の課題を考えるのにも、旅行の計画を立てるのにも使え、地点間の距離を比較するなどの分析もしやすいです。メルカトル図法の地図だと極地近くの面積を正確に表現できず、グリーンランドの大きさがえぐいことになったりしますが、地球儀ならばっちりです。

　モデルにはいくつかの分類方法があります。

・静的モデル：一度作っちゃえば、ずっと変わらないモデル
・動的モデル：時間がたったり、状況が変わることで、変化していく
　　　　　　　モデル

- ・数理モデル：**数学の公式など**
- ・図的モデル：**発表資料などで使うピラミッド図とかマトリクス図あたり**
- ・物理モデル：**理科室にある人体標本とか地球儀とか**

　モデルだからこそできる分析に、**シミュレーション**があります。問題の解決方法を思いついたとき、一番わかりやすい試し方は実際にやってみることです。でも、それがあぶないことだったり、お金のかかることだったら？

　「新しい酸素ボンベを考案したので深海にもぐってみよう」と毎回やっていたら、命がいくつあっても足りないかもしれません。「壊れにくい車を作ったので、何回か壊してみよう」もずいぶんお金を使いそうです。

　試行錯誤できない事柄にも、シミュレーションは有効です。「明日の天気がどうなるか、試してみる」ことはできません。でも、**モデルを使ったシミュレーション**であれば、「気温が30度だったら、台風がこっちにくるのか」「気温が31度のときはどうかな？」などと**何回も試せます**。

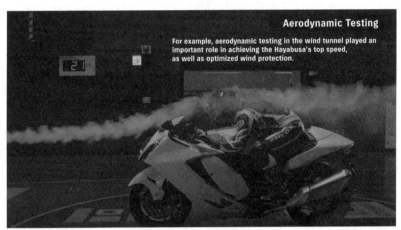

Aerodynamic Testing

For example, aerodynamic testing in the wind tunnel played an important role in achieving the Hayabusa's top speed, as well as optimized wind protection.

出典：YouTube／Suzuki Globalチャンネル「FOCUSED ON QUALITY「Aerodynamic Testing」」

　これは**風洞を使ったシミュレーション**の様子です。車やバイクをどんな形にすると空気抵抗が少ないか試すのに実車を作っていたら大変なので、工業用

粘土などで作った**模型（クレイモデル）**を使います。これをもっと効率よく行えるのが、**コンピュータを使ったシミュレーション**です。

出典：FetchCFD「F1 2021 Aerodynamics | CFD Simulation」（https://fetchcfd.com/）

　模型すら作る必要がなく、コンピュータ上の操作でどんどん車の形を変えたり、雨を降らせたり、横風を当てたりすることが可能です。

　もちろん、どんなモデルも完璧に現実に即して作ることはできません（モデルではなくなってしまいます。現実をシンプルにわかりやすく表現するからモデルになるわけです）。シミュレーションも、現実をそのまま再現することは叶いません。だから莫大な費用を投じスーパーコンピュータで構築した気象シミュレータなども、天気予報を外したりします。モデルやシミュレーションは問題解決に立ち向かうための**強力な道具**ですが、できること・できる範囲を理解して、**過信しないこと**も重要です。

　モデルは精密に作れば作るほど現実をよく再現するようになり、シミュレーションの精度も上がる可能性が高まります。しかし、現実に近づいてしまうことでわかりにくくなったり、モデルを作るのに時間やお金がかかってしまうこともあります。

　何のためにモデルを作るのか、どのくらいの正確さが欲しいのか、どの程度の時間やお金をかけていいのかで、どんなモデルが適切か、どんなモデルを作るべきかが決まってきます。

また、同じ事柄からでも、**複数のモデル**を作ることができるのがふつうです。地球から地球儀も、メルカトル図法の地図も作れますよね。目的によって、地球儀がいいのか、地図がいいのかは変わってきます。あるモデルを使ってもうまく目的を達成できなかったら、別のモデルを試してみるのもよい方法です。

　なんだか難しいなあと思ったら、あるデータを**グラフ**にするだけでも、色々な発見をしやすくなります。チョコレートの売り上げなんて、年間を通じた**棒グラフ**にしてみると、バレンタインデーの直前に集中していることが一目瞭然になります。まあ、これはわざわざグラフにしなくても、みんな知ってますけど。

　また、**比較**することは**分析の基本**です。テストの点数と体重を比較する、テストの点数と天気を比較する、テストの点数と勉強時間を比較する‥‥‥などと繰り返すことで、「おお、やはり勉強をすると点数が伸びるな！」といった気づきを得ることができます。

　Excel使えば、**回帰分析**なども簡単に行うことができます。

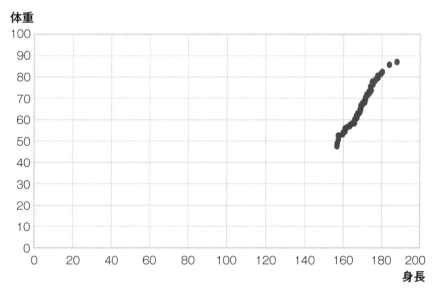

出典：「日本人20歳の身長と体重サンプルデーターExcelVBA数学教室」（https://excelmath.atelierkobato.com/height/）を元に作成

これは身長と体重のデータを、**散布図**にしたものです。これだけでも、「ほほぅ、身長と体重は相関があるっぽいぞ」と見てとれますが、回帰分析を行うと**回帰式**まで作ってくれます。

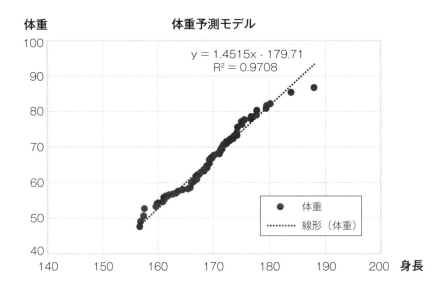

R^2は現実とモデルの当てはまり具合で、0～1の値をとります。1に近いほどよく現実に当てはまったモデルなので、0.9708であるこのモデルはすごくよくできていると評価します。

$$y = 1.4515x - 179.71$$

xは**身長**、**y**は**体重**です。したがって、身長1000cmの人が現れた場合、その体重は

$1.4515 \times 1000 - 179.71 = 1271.79$　により、1.2トンになるだろうと推測できます。ほとんど未来予測ですよね、モデルの勝利です！

もちろん、**回帰分析**をすれば必ずいい結果が出てくるわけではありません。偏りのなるべく少ないデータを用意し、視点を変えて何度も試して、比較・評

◆ 電子書籍・雑誌を読んでみよう！

技術評論社　GDP	検索

で検索、もしくは左のQRコード・下の
URLからアクセスできます。
https://gihyo.jp/dp

1 アカウントを登録後、ログインします。
【外部サービス(Google、Facebook、Yahoo!JAPAN)
でもログイン可能】

2 ラインナップは入門書から専門書、
趣味書まで3,500点以上！

3 購入したい書籍を ☒ カート に入れます。

4 お支払いは「**PayPal**」にて決済します。

5 さあ、電子書籍の
読書スタートです！

も電子版で読める！

電子版定期購読が
お得に楽しめる！

くわしくは、
「**Gihyo Digital Publishing**」
のトップページをご覧ください。

🎁 電子書籍をプレゼントしよう！

Gihyo Digital Publishing でお買い求めいただける特定の商品と引き替えが可能な、ギフトコードをご購入いただけるようになりました。おすすめの電子書籍や電子雑誌を贈ってみませんか？

こんなシーンで…　●ご入学のお祝いに　●新社会人への贈り物に
●イベントやコンテストのプレゼントに　………

●ギフトコードとは？　Gihyo Digital Publishing で販売している商品と引き替えできるクーポンコードです。コードと商品は一対一で結びつけられています。

くわしいご利用方法は、「**Gihyo Digital Publishing**」をご覧ください。

電脳会議 紙面版

新規送付の お申し込みは…

| 電脳会議事務局 | 検索 |

で検索、もしくは以下の QR コード・URL から
登録をお願いします。

https://gihyo.jp/site/inquiry/dennou

一切無料！

「電脳会議」紙面版の送付は送料含め費用は
一切無料です。
登録時の個人情報の取扱については、株式
会社技術評論社のプライバシーポリシーに準
じます。

技術評論社のプライバシーポリシー
はこちらを検索。

https://gihyo.jp/site/policy/

---

dh 技術評論社　　電脳会議事務局
〒162-0846　東京都新宿区市谷左内町21-13

価することが重要です。

　この体重モデルにしても、ひょっとしたら身長と体重だけでなく、全身のほくろの数のデータも加えればもっと正確に体重を予測できるようになるかもしれません。あるいは、余計なデータを足したことによって、モデルの精度が下がるかもしれません。やり過ぎはよくないんです。

　たとえば、私の仲間うちで船舶免許を持っているのは私だけです。そこで、「どんな人が船舶免許を持っているのか予測するモデル」を作るために、「星座」「血液型」「一日に食べるゆで卵の数」など色々足していくと、「仲間うちの間では」ぴったり当てはまったモデルを作れるかもしれません。「天秤座でO型で1日にゆで卵を3個食べる人は必ず船舶免許を持っている！」とか言い出すわけです。でも、これって間違ってますよね。一般的な人々のデータを当てはめれば、ゆで卵を食べる数と船舶免許の間には相関はないことでしょう。モデルをこねくりまわしていると、こんな間違いが発生することもあります。

　みなさんには是非それを見抜く力を身につけて欲しいんです。データに振り回されるのではなく、データを上手に使いこなす人になってください。**たくさん試行錯誤**して、データ分析を楽しんでみてくださいね。

練習問題にチャレンジ

問1 次の文章を読み，空欄 　カ　 ～ 　ク　 に入れるのに最も適当なものを，後の解答群のうちから一つずつ選べ。

　基本的な論理回路には，論理積回路（AND回路），論理和回路（OR回路），否定回路（NOT回路）の三つがあげられる。これらの図記号と真理値表は次の表1で示される。真理値表とは，入力と出力の関係を示した表である。

表1　図記号と真理値表

回路名	論理積回路			論理和回路			否定回路	

図記号：

論理積回路 A B ─[AND]─ X　　論理和回路 A B ─[OR]─ X　　否定回路 A ─[NOT]─ X

真理値表：

論理積回路

入力		出力
A	B	X
0	0	0
0	1	0
1	0	0
1	1	1

論理和回路

入力		出力
A	B	X
0	0	0
0	1	1
1	0	1
1	1	1

否定回路

入力	出力
A	X
0	1
1	0

(1)　S航空会社が所有する旅客機の後方には，トイレが二つ（A・B）ある。トイレAとトイレBの両方が同時に使用中になると乗客の座席前にあるパネルのランプが点灯し，乗客にトイレが満室であることを知らせる。入力Aは，トイレAが使用中の場合には1，空いている場合には0とする。Bについても同様である。出力Xはランプが点灯する場合に1，点灯しない場合に0となる。これを実現する論理回路は次の図2である。

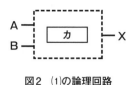

図2　(1)の論理回路

(2)　S航空会社では新しい旅客機を購入することにした。この旅客機では，トイレを三つ（A・B・C）に増やし，三つのうちどれか二つ以上が使用中になったら混雑を知らせるランプを点灯させる。入力や出力は(1)と同様とする。この場合の真理値表は　キ　で，これを実現する論理回路は図3である。

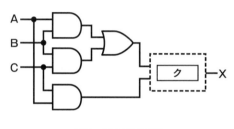

図3　(2)の論理回路

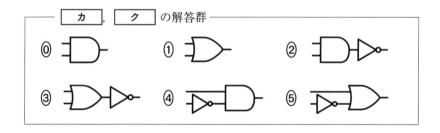

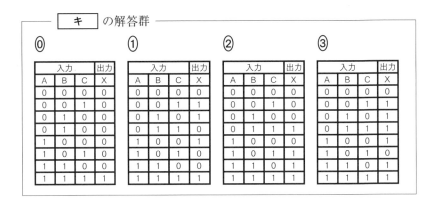

キ の解答群

⓪

入力			出力
A	B	C	X
0	0	0	0
0	0	1	0
0	1	0	0
0	1	0	0
1	0	0	0
1	0	0	0
1	1	0	0
1	1	1	1

①

入力			出力
A	B	C	X
0	0	0	0
0	0	1	1
0	1	0	1
0	1	1	0
1	0	0	1
1	0	1	0
1	1	0	0
1	1	1	1

②

入力			出力
A	B	C	X
0	0	0	0
0	0	1	0
0	1	0	0
0	1	1	1
1	0	0	0
1	0	1	1
1	1	0	1
1	1	1	1

③

入力			出力
A	B	C	X
0	0	0	0
0	0	1	1
0	1	0	1
0	1	1	1
1	0	0	1
1	0	1	0
1	1	0	1
1	1	1	1

（令和7年度 大学入学共通テスト試作問題『情報Ⅰ』）

解説・解答

問1(1)の解説

　トイレが2つあるんです。気まずい思いをしないために、どっちも使用中だとランプを点灯させて、「いま、どっちも誰かがうんち中です！」と知らせます。

　トイレ**A**が使用中であるとき、入力**A**には1が入ってきます。

　トイレ**B**が使用中であるとき、入力**B**には1が入ってきます。

　ランプが点灯するかどうかは、出力**X**にかかっています。1が出力されるとランプがつくんです。

　したがって、**A**からも**B**からも1が入力されたときだけ、**X**に出力をしたいです。これは単純に論理積（AND）なので、論理積回路（AND回路）が1個あれば十分です。間違ってOR回路にしてしまうとどちらかしか埋まっていないのにランプが点灯して、耐えかねた誰かがおもらしをするかもしれませんし、余計なことをして、AND回路にNOT回路をつないだりすると、トイレが埋まっているときに限ってランプが消灯し、誰かが悲鳴を上げる羽目になるかもしれません。

問1(1) カ の解答 …… ⓪

　トイレが3つに増えました。トイレの近い私には有り難い変更ですが、ランプを作る人は大変です。

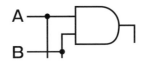

　まずこの部分を考えましょう。論理積回路（AND回路）ですから、AとBが両方埋まっていると1を出力します。

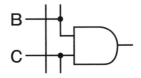

　ここも同様です。BとCが両方埋まっていると1を出力します。

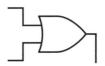

　この部分はどうでしょうか？　論理和回路（OR回路）ですね。

　　　AとBが両方埋まっている　　　OR　　　BとCが両方埋まっている

　上記の条件を満たしたとき、このOR回路は1を出力します。ORですから、A、B、C全部が埋まっているときも1です。

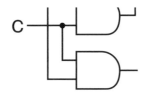

　ここは？　配線がちょっと込み入っていますが、**A**と**C**をAND回路が結んでいます。**A**と**C**が両方埋まっていると1を出力します。

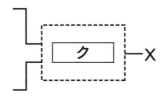

　これを踏まえた上で、| ク |の登場です。

上からは、「**A**と**B**が両方埋まっている　OR　**B**と**C**が両方埋まっている」と1が、下からは、「**A**と**C**が両方埋まっている」と1が入力されます。

　トイレが2つ埋まっているパターンは、

　　Aと**B**　　OR　　**B**と**C**　　OR　　**A**と**C**

の3つです。したがって、上からの入力と下からの入力を論理和回路（OR回路）でつないであげればよいことが導けます。

問1(2)| ク |の解答 ……①

　| キ |はどのように考えればよいでしょうか。**A**、**B**、**C**の入力のうち、2つ以上が「1」であるときに**X**が1を出力すればOKです。この条件を満たすのは②です。

問1(2)| キ |の解答 ……②

情報通信ネットワークと データの活用

ネットワークって何だ?

　人間も一人ではたいしたことができないように、コンピュータも1台ではたいしたことができません。つながって、力を合わせることで、大きな仕事ができるようになります。情報を共有したり、コンピュータごとに役割分担をすることはとても大事です。

　コンピュータとコンピュータをつなぐことや、つながった結果できあがった全体像を**ネットワーク**といいます。「ネットワーク」という言葉には色々な意味がありますが、情報通信の分野でネットワークというと、**自分のコンピュータから見て電流が届く範囲**です。

　みなさんは自分のコンピュータやスマホからメールやラインを送ったりすると思います。コンピュータはメールの中身に書かれているaとかbとかいった文字を、**電流の形**や**電流の大きさ**に変えます。電流は波の形で表せますが、「この形だったらaで、こっちの形だったらbだ」という具合です。

データを電流で送るとは

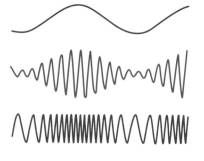

ASCII コード

A　→　65　→　1000001
B　→　66　→　1000010

通信ケーブルというのは、ようは電線のことなので、電流の形にしたメールやラインを電線に対して送り込むわけです。相手のコンピュータまで通信ケーブル（電線）がつながっていますから、そこを伝って電流が届きます。

電流の動き

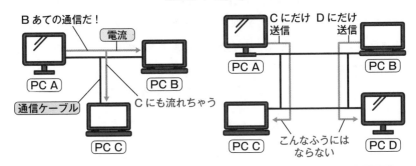

PC C にとってはもらう必要のない余計な電流が届いている状態です。PC C はこれを捨てるのですが、もし悪い人が使っていたら、PC B 宛ての通信を読んじゃうかもしれません。ケーブルの共有は利点も多いですが、通信の衝突や漏洩といった欠点もあります。

スイッチングハブという通信機器を使うと、この状態にできます。宛先コンピュータにしか電流が届かなくなり、通信の効率がよくなります。

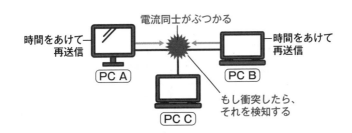

ネットワークは無限に大きくするわけにはいきません。電流は長い距離を伝達すると小さくなって、形の違いが読み取れなくなっていきます。また、電流同士がぶつかると形が乱れてメールやラインで伝えようとしていた中身が壊れてしまいます。自分のコンピュータからメールを送った。友だちのコンピュータからラインを送った。その電流がぶつかってしまうのです。そうするとメールもラインも送り直しです（コンピュータが衝突に気づいて、自動的に送り直します）。

10台くらいのコンピュータがつながっているネットワークだったら気にな

らないかもしれません。でも、100台、1000台となってくると、メールを送っても送り直しばかりで全然届かず、「ああ、ネットワークが混んでいるなあ」とがっかりするかもしれません。そうならないように、**ネットワークはある程度のサイズに留めておきます**。家一軒とか、ビルの1フロアといった単位です。

　なぜネットワークを分割するんだ？　はなかなか納得するのが難しいテーマですが、ネットワークというのは言い方を変えると「全員宛」の通信が届く範囲なんです。ふだんの生活だと自分の声が直接届く範囲でしょうか。10人だと楽しい会話が成立しますが、100人になるとうるさくなって隣の人の声も聞き取れないかもしれません。そこで部屋を分けるんです。

ネットワークの分割

ネットワークが大きくなるとパンク

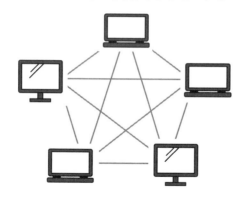

ネットワークを分割

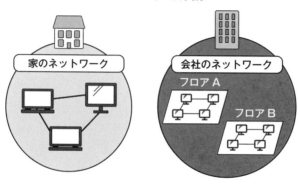

でも、そうすると、メールを送れる範囲は「同じ家の中」、「ビルの同じ階の中」だけになってしまって不便です。そこで、1つ1つのネットワークは独立しているのだけれども、おとなりのネットワークにちょっとメールやラインを届けたくなったら、必要のある通信だけはおとなりに届けてあげるしくみが考えられました。

　ネットワークとネットワークの間 (inter) をつなぐしくみなので、これを**インターネット (inter-net)** と呼びます。みなさんが使っているインターネットの名前の由来です。

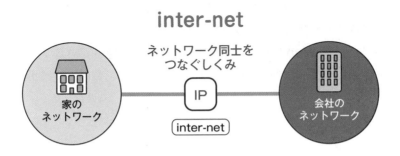

　それまで家AネットワークとビルBネットワークは孤立していたのだけれど、インターネットを使ってつないだらすごく便利になりました。なので、学校Cもつなごうとか、会社Dもつなごうと繰り返していたら世界中がつながってしまい、今では**世界全体をつなぐネットワーク**のことを**インターネット (The Internet)** と呼ぶようになりました。

単元❷ ネットワークの構成要素

　ネットワークにはさまざまな構成要素があります。コンピュータ1つとっても、役割分担をして**サーバ**や**クライアント**と呼んだりします。どちらも同じコンピュータなのですが、**サービスをしてあげる側（サーバ）**と、**サービスしてもらう側（クライアント）**に役割を分けているわけです。

　Webサーバは**Webページを見せてくれる役割を持っているコンピュータ**です。それに対して、「Webページを見せて！」と**頼む側のコンピュータ**は**Webクライアント（ブラウザ）**になります。みなさんがWebを見ているとき、手元で使っているパソコンやスマホはWebクライアントになっているわけです。

　ネットワークとネットワークをつなぐ結節点になる通信機器を**ルータ**といいます。自宅を**インターネットに接続**するときは、**インターネット接続事業者（ISP）**にお願いすることになります。自宅というネットワークとISPのネットワークをつなぐわけです。ISPのネットワークはいろんなところにつながっているので、自宅からアマゾンやネトフリが使えるようになります。このとき、**自宅ネットワークとISPネットワークの境目の部分にルータを置いて両者を接続する**のです。

ルータの役割

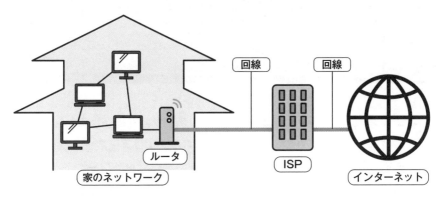

ケーブルは美観を損ねたり、ルンバをひっかけたりするので嫌われます。最近は色々なケーブルが**無線化**されていて、通信ケーブルも例外ではありません。**Wi-Fi**という技術はもともと**有線でつながっていた通信ケーブルを無線化したもの**です。Wi-Fiを使う場合は**無線の電波を送受信するアンテナ**が必要で、これを**アクセスポイント**といいます。自宅で使う場合はルータとアクセスポイントを一緒にした製品がよく売られています。

Wi-Fiとアクセスポイント

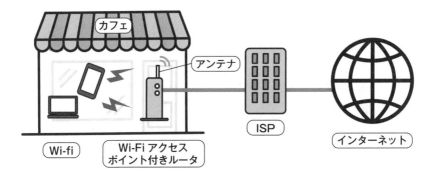

ネットワークの分類

ネットワークの分類の仕方はいくつかありますが、主なものに**WAN（ワイド・エリア・ネットワーク）**と**LAN（ローカル・エリア・ネットワーク）**があります。名前の通り、WANは**広い範囲をつなぐネットワーク**で、携帯回線の5Gなどが代表的なWANです。LANは**狭い範囲をつなぐネットワーク**で、有線ケーブルを使うタイプであれば**イーサネット**（家電量販店などに行くと、通信ケーブルが**イーサネットケーブル**という名前で売られています）が有名です。**イーサネットを無線化したもの**が**Wi-Fi**です。

もっと細かく分けると**PAN（パーソナル・エリア・ネットワーク）**なども登場します。スマホとイヤホンを無線でつなぐ**Bluetooth**などはPANに分類されます。

ワンポイント

Bluetoothは数メートルから数十メートル程度の短い距離で電波を使って情報機器間のやりとりを行う規格。スマホやパソコン、マウス、ワイヤレスイヤホンなどに使用されます。

つなぎ方での分類もあります。代表的なのは回線交換とパケット交換です。**回線交換**は**家の電話**がそうで、友だちの家に電話をかけたとき、自宅から友だちの家までは１本の通信回線で結ばれています。**自分と友だちで１本の電話線を独占しているイメージ**です。だから通信品質もよく、話している間に他の人の通話が割り込んでくるようなこともありません。そのかわり、通信回線を独占しているので、つながっている時間だけ料金がかかります。

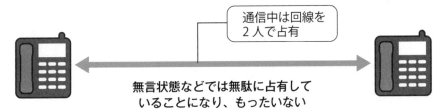

回線交換

通信中は回線を
2人で占有

無言状態などでは無駄に占有して
いることになり、もったいない

　コンピュータの通信は少しだけのデータを長時間にわたって送信するような
ことも多いので、通信回線を独占するのはもったいないです。そんなときに使
うのが**パケット交換**で、**通信回線を多くのコンピュータでシェア**します。す
ると、「使った時間」という考え方ではなくなるので、送った**通信の量（パケッ
ト量）**に応じてお金を払います。

　パケット（小包）は**通信を順調に送るための工夫**です。**パケット交換**では
みんなで通信回線をシェアしますが、誰かがユーチューブを見始めたりする
と、動画は大量のデータを送る必要があるので、他の人は通信回線が使えなく
なってしまうかもしれません。そこで、動画のような大量のデータも**小包み
たいに小分けにして送る**ことで、他の人も小包と小包の間に自分の小包を滑
り込ませることができるようになります。

回線交換とパケット交換

相手と直接つなが
る。明示的に切断
するまで、つな
ぎっぱなし

小分けにしたパ
ケットを断続的に
送る。回線はみん
なと共有

　なお、ネットワーク上には、いろんな人がいろんな場所へ送るパケットがあ
ふれているので、郵便の小包と同じようにパケットには**送信先や送信元を書**

いた**宛名情報**が必要です。これを**ヘッダ**といい、「**ヘッダ＋本当に送りたいデータ**」を足し合わせたものが**パケット**になります。

　どんなふうに配線するか（**トポロジ**）も、ちょっとだけ教科書に載っていますが、いまはほとんどが扱いやすい（コンピュータを足したり減らしたりしやすい）**スター型**です。スター型の中央に位置する**タコ足配線するための通信機器**を**ハブ**といいます。

トポロジ

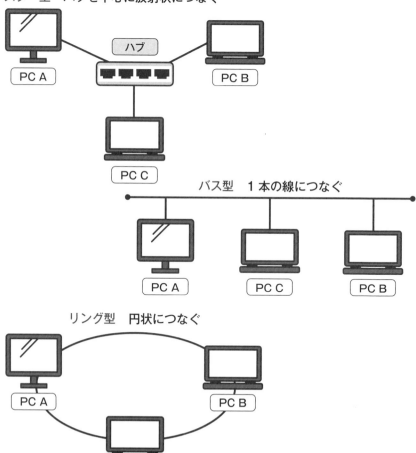

スター型　ハブを中心に放射状につなぐ

ハブ

PC A

PC B

PC C

バス型　1本の線につなぐ

PC A

PC C

PC B

リング型　円状につなぐ

PC A

PC B

PC C

単元 ❹ プロトコル

　誰かに意味を伝えるためには、意味を送る人と受け取る人が同じルールに従っていないといけません。敵が攻めてきたことを伝えたくてのろしを上げても、見た人が山火事だと思ったら意味がないわけです。手旗信号もそのルールを知らない人が見れば、怪しい踊りに見えることでしょう。

　コンピュータでの通信もまったく同じで、送信者と受信者が同じルールで動いていないと、文章を送ったはずなのに写真だと思われたり、そもそも通信が届かなかったりします。この**「みんなが従う共通の通信ルール」**のことを**プロトコル**と呼んでいます。インターネットであれば**IP（インターネット・プロトコル）**という**ルールに従って機器を作ったり、動かしたりしている**ので、世界中のみんながインターネットを使えています。

　ところで、プロトコルは細分化しておくと便利です。電話プロトコル、LINEプロトコル、メールプロトコルなどと作っていくと、新しいものを作るとき全部1から作り直しになってしまいます。

　でも、ケーブルのプロトコル（接続部分の形とか）、ネットワーク内での通信のプロトコル、ネットワーク間での通信のプロトコルのように作ると、ラインでもメールでも、ケーブルやネットワーク内通信、ネットワーク間通信の部分は共通で使えて、新たに作る部分はラインに特有のルール、メールに特有のルールだけですみます。

　プロトコルに**階層構造**があることも覚えておきましょう。たとえば、**糸電話という通信システム**を考えてみたとき、色々なプロトコルあることに気づくと思います。**材質としては糸を使う**んだな、**情報は音で伝える**んだな、**意味は日本語で伝えれば**いいかな、といったプロトコルです。

会話のプロトコル

どの要素が欠けても会話（通話）はできない

　これらのプロトコルは対等な関係ではなく、より**基本的なプロトコル**、基本のプロトコルがあるからこそ決められる**応用的なプロトコル**からなっています。たとえば、**糸電話を作るときには糸を使う**というプロトコルは最も**基本的なプロトコル**です。

　ここが定まると、「糸でつながっているなら、**情報の伝え方としては音があるな**」と次の**応用的なプロトコル**を決めることができます。糸ではなく**光ファイバ**で作ったら、光で伝えないといけないですよね。

ワンポイント

光ファイバは光で情報を伝えるケーブルのこと。

　そして、**情報伝達を音で行う**と定めたら、「音が送れるならモールス信号で意味を伝えられそうだ、いやいっそ日本語で直接しゃべってしまえばいいか」と、より**応用的なプロトコル**も決められます。

　コンピュータの通信も同じつくりになっています。ただ、ある会社は自社の製品を4つのプロトコルに分けている、あっちの会社は7つに分けてるなあ……などとなってしまうと不便です。そこで、みんなで話し合ってプロトコルを決める標準化団体などが世界的な基準を作っています。7段階に分類する**OSI基本参照モデル**や、4段階に分類する**TCP/IPモデル**が有名ですが、教科書で紹介されているのはTCP/IPモデルが多いと思います。

OSI基本参照モデル

対応する通信機器

上位層	第7層	アプリケーション層	----[ゲートウェイ]
	第6層	プレゼンテーション層	
	第5層	セション層	
下位層	第4層	トランスポート層	[ルータ]
	第3層	ネットワーク層	
	第2層	データリンク層	----[ブリッジ（タコ足配線にするやつは、スイッチングハブ）]
	第1層	物理層	----[リピーター（タコ足配線にするやつは、ハブ）]

TCP／IPモデル

最も応用的（上位層）

アプリケーション層

アプリ部分のルールを決める

代表例（**HTTP**：Web、**SMTP**：メール送信、**POP3**：メール受信）

トランスポート層

通信の信頼性やどのアプリと通信するかのルールを決める

代表例（**TCP**：信頼性のある通信をする、**UDP**：素早い通信をする）

インターネット層

ネットワーク間での通信ルールを決める

代表例（**IP**：インターネットのルール）

ネットワークインタフェース層

ネットワーク内での通信ルールを決める

代表例（**イーサネット**：有線通信、**Wi-Fi**：無線通信）

最も基本的（下位層）

OSI基本参照モデルとTCP/IPモデルの比較

OSI基本参照モデル	TCP/IPモデル	実装例
アプリケーション層	アプリケーション層	HTTP　IMAP4 DNS　DHCP FTP　SMTP POP3　Telnet
プレゼンテーション層		
セション層		
トランスポート層	トランスポート層	TCP　UDP
ネットワーク層	インターネット層	IP　ICMP ARP　RARP
データリンク層	ネットワーク インタフェース層	イーサネット、Wi-Fi
物理層		

それぞれの通信プロトコルではどんなことを決めているのか、見てみましょう。たとえば**アドレス**は通信にとって最重要の情報です。電話も電話番号がなければ、満足に動きません。したがって、**各プロトコルがどんなアドレスを使うのかを決めています**。ちゃんと決めておかないと、**重複アドレス**（人間で言えば、同姓同名）などが発生して**通信でトラブル**が起こります。

わたしたちが状況に応じて、ニックネームやフルネーム、生徒番号を使って相手を特定するように、コンピュータも**状況に応じてアドレスを使い分け**ます。**イーサネット**であれば、**ネットワーク内でのプロトコル**なので通信相手が限られていますから、**メーカー番号＋メーカー内での番号**である**MACアドレス**を使います。その**機器が作られたときに、予め設定されています**からとても手軽に使い始められます。人間の感覚で言えば、氏名のようなものです。

いっぽうで、インターネットは**ネットワーク間でのプロトコル**ですから、MACアドレスだとまく通信できません。世界中を相手に通信する可能性があるので、どこにあるんだろう？　という**場所の情報**が欲しいのです。そこで、**ネットワーク番号＋ホスト番号**（インターネットの世界では、コンピュータのことを**ホスト**と言います）で表される**IPアドレス**を使います。ネットワーク番号があることで、「ああ、あの辺にあるコンピュータか」と理解できるのです。

MACアドレスは固定の数値ですが、**IPアドレスの場合は、コンピュータ
をネットワークAからネットワークBに移動させると番号が変わります。**
住所のようなイメージです。

　アドレスは通信の決めごと（**プロトコル**）の中でもすごく重要な要素だと書
きましたが、これは本当にそうで、アドレスを見ればその通信システムの性質
がわかってしまうほどです。たとえば、ぼくらが肉声での会話という通信シス
テムを稼働させているとき、相手の下の名前（**アドレス**です）だけを呼んでい
たら、「肉声を使っていて、かつ下の名前という重複しやすいアドレスで相手
を特定しているから……、近距離少人数通信だな」と推定できます。

　これがマイクでも使っていると、「ははぁ、マイクを使ってるってことは全
校集会クラスの規模感かな」と思いますし、さらにクラス名と名字つき氏名の
組み合わせで指名していたら、「やっぱり大きな規模の通信だな。下の名前だ
けだと同姓同名がでちゃうんだろう」と確信を深めます。

　さらに大規模になると電話のように、「**国番号＋市外局番＋市内局番＋加入
者番号**」と階層化したりします。電話番号全体を見渡さなくても国番号の「81」
を確認するだけで、「日本宛の通信だな」ってわかるわけです。そこから徐々に
小さい範囲にアドレス要素を絞り込んでいくことで、効率的に通信をすること
ができます。

　IPアドレスも、世界中と通信するためのしくみなので、同じ考え方を採用
しています。**ネットワーク番号**でどのネットワークかを識別し、**ホスト番号**
でそのネットワークの中の**どのホスト（コンピュータ）か**を識別します。

　IPアドレスは**32桁の2進数**とプロトコルで定められています。

11000000　10101000　00000000　00000001

　あくまでもコンピュータのための番号なので、人間にとってはとても読みに
くいです。そのため、**人間向けに表示するとき**は32桁を8桁ずつの4ブロッ
クに分けて、**10進数**に直します。ブロックとブロックの間にはピリオドを入
れて、読みやすくします。

192.168.0.1

　ところで、アドレスは無駄遣いしないことが大事です。10桁とか32桁とか決めて使っているわけですから、無駄にするとすぐにアドレスが足りなくなってしまいます。

　そのため、たとえば電話番号は市外局番を可変長にして、人口がたくさんある地域では市外局番の桁数を減らして市内局番＋加入者番号の桁数を多く取れるように、逆に人口が少ない地域では市外局番の桁数を増やして、必要もないのに市内局番＋加入者番号の桁数を取り過ぎないように工夫しています。

　IPアドレスも同じで、コンピュータをあまり持っていない会社なのにやたらとホスト番号をたくさん使う、などの**無駄が生じないように**しています（それでもアドレスは足りません。2進数32桁で表せる数値は43億弱で、いまパソコンの台数はそれより多いんです。色々節約したり水増ししたり工夫していますが、扱えるアドレス数を増やすなどの改良を加えた**新世代のIP**である**IPv6**への移行が待たれています。**IPの現行世代**は**IPv4：IPバージョン4**といいます）。

　電話番号は市外局番や市内局番の区切れ目に括弧やハイフンを挿入しますが、IPアドレスでは**サブネットマスク**や**プリフィックス**を使います。

　サブネットマスクは**IPアドレスと対にして使う番号**で、IPアドレスの**この部分**は**ネットワーク番号**、**ここから先**は**ホスト番号**だよ、という区分けを**1と0を使って表現**します。

IPアドレス
<u>11000000　10101000</u>　00000000　00000001
　　ネットワーク番号　　　　　　ホスト番号
サブネットマスク
11111111　11111111　00000000　00000000

　IPアドレスとサブネットマスクを照らし合わせて、サブネットマスクが**1になっている部分**が**ネットワーク番号**、**0になっている部分**が**ホスト番号**で

す。この場合は**11000000　10101000**が**ネットワーク番号**、**00000000 00000001**が**ホスト番号**ですね。

　サブネットマスクもIPアドレス同様に2進数だとわかりにくいので、**人間 向けに表記**するときは**10進数に変換**するのが一般的です。

　　　　　　IPアドレス　　　　192.168.0.1
　　　　　　サブネットマスク　　255.255.0.0

　10進数のアドレスとして言い直すと、**192．168**が**ネットワーク番号**、**0． 1**が**ホスト番号**です。「理科室はネットワーク番号192．168、音楽室は192． 169だ。理科室で使っているぼくのパソコンのホスト番号は0．1だから、全 体では192．168．0．1だな」なんて使い方をします。

　なお、サブネットマスクと同じことをプリフィックスでも表すことができま す。これは、ネットワーク番号が何ビットあるかを数値で示したもので、IP アドレスの末尾に付記します。

　　　　　　　　192．168．0．1　／　24

であれば、**先頭から24ビット分**が**ネットワーク番号**、**残りの8ビット分**が **ホスト番号**だってことです。この例で言うと、**192．168．0**までが**ネット ワーク番号**で、**1**が**ホスト番号**です。

インターネットのさまざまなしくみ

インターネットはよく**高速道路**に例えられます。高速道路が通っただけで嬉しい人もいるでしょうが、そこで高速バスが動き出したり、宅配便網が完備されたりすることで、みんなにとって便利なものに仕上がります。

インターネットもただ存在するだけではダメで、**インターネット上にさまざまなしくみが作られる**ことで初めて便利で、楽しいものになります。

www

wwwは**Webページの閲覧システム**です。ブラウザを起動したときに**最初に表示される**Webページや、ある企業を訪問したときに最初に表示されるWebページを**ホームページ**と呼んでいました。ホームページのほうが言葉としては有名になってしまい、いまではWebページ＝ホームページのように意味が変質しています。

wwwは**World Wide Web**の略語で、**世界中に蜘蛛の巣のように張り巡らされた情報網**をイメージしています。もともとは本を電子化するために**CERN（欧州原子核研究機構）**で作られました。CERNのような組織では、何トンもあるようなマニュアルを使うので紙の本だと不便です。しかもマニュアルというのは順番に読むものではなく、基本編を読んでいたら応用編の123ページへ飛べとか、発展編の456ページを見ろとか言われるので、電子化して**クリックするだけで狙ったページにジャンプするしくみ（ハイパーリンク）**にしたかったのです。今も**電子書籍**のしくみはwwwとほとんど同様**の技術**が使われています。

出来上がってみると異様に便利だったので、今では電子書籍というよりは、

まさに「**ウェブ**」としか言いようがない**総合情報システム**へ発展しました。

wwwのしくみは、主に次の**3つのプロトコルで構成**されています。

HTTP　Webページを送受信する手順
HTML　Webページを作成するための言語
URL　　Webページを含む各種情報の場所を示す取り決め

URLの書き方は、次のように決められています。

スキーム　　:// 　　ホスト名　　/ 　　パス名

スキームはその情報をどんな手段で入手するといいのか、**ホスト名**はその情報があるコンピュータ、**パス名**はそのコンピュータのなかのどこに情報があるのかを表します。

http://www.gihyo.co.jp/document/index.html

上記の例では、

- この情報はWebページなので、**http（Webページをやり取りする通信ルール）**を使って入手するといいですよ。
- Webページが保存されている**コンピュータの名前**は、www.gihyo.co.jpですよ。
- www.gihyo.co.jpコンピュータのdocumentフォルダの中にあるindex.htmlがお目当ての**Webページ**ですよ。

ということがわかります。

インターネットで使われる正式なアドレスは**IPアドレス**です。しかし、人間向けに10進数で書き直したIPアドレスでさえ、192.168.0.1のように覚えにくいものでした。たとえば電話の場合でも友だちの電話番号をすべて覚えている人は少なくて、電話帳に登録して友だちの名前から番号を呼び出していると思います。

インターネットでその働きをするのがDNSです。**ドメイン名**をIPアドレスに変換する機能を持っています。**ドメイン名**とは、**人間にとってわかりやすい形でコンピュータを識別する表記方法**です。

www.gihyo.co.jp

これがドメイン名の例です。右側から大きな区分→小さな区分へと絞り込んでいく形式になっています。一番右は国名になっていることが多く、jpは日本であることを表しています。

分割してドメインを管理

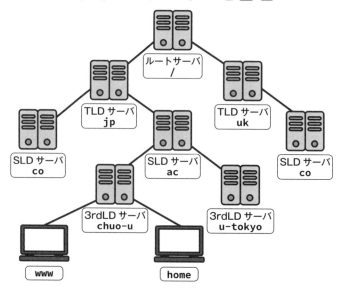

その次のcoは**company**の略で、**営利組織**だと言っています。gihyoは技術評論社が自社Webサイトにつけた名前です。したがって、右から読んでいくと「**日本の中にある、営利組織に分類される、技術評論社と呼ばれる会社**」の**ドメイン**であることがわかります。

ドメインとはなわばりのことなので、厳密にはgihyo.co.jpまでがドメイン名です。しかし、技術評論社の中にはたくさんのコンピュータがあって、これだけではどのコンピュータなのかわからないので、**コンピュータ名（ホスト名）**を付記します。それが**www**です。**www**とは**ウェブ閲覧システム**のことでした。Webページを見せてくれる役割を持つコンピュータにはよくこの名前をつけるんです。ホスト名までついていると、「このコンピュータだ！」と特定することができるので、**IPアドレスに変換**することができます。IPアドレスに変換可能な「**ホスト名＋ドメイン名**」になっている名前を**FQDN（完全修飾ドメイン名）**といいます。

わたしたちは**Web**ページが見たいときやメールを出すときに**ドメイン名**を使いますが、**インターネットで使えるアドレスはIPアドレス**だけなので、電話帳で名前から電話番号を読み出すように、**ドメイン名をIPアドレスに変換**しないといけません。この変換作業（**名前解決**といいます）をしてくれるのが**DNS**です。

DNSのしくみ

解決して欲しいドメイン名を送信
www.gihyo.co.jp

IPアドレスになおして返信
183.25.XX.XXX

DNSクライアント（リゾルバ）　　　DNSサーバ

DNSは**クライアント／サーバ型**のしくみで動いていて、「ドメイン名：IPアドレス」の対応表を持っているDNSサーバに対して、わたしたちのパソコ

ンやスマホ（**DNSクライアント：リゾルバ**）が**ドメイン名を送って問い合わ
せ**をすることで、それに**対応するIPアドレス**を返信してくれます。パソコン
やスマホは教えてもらったIPアドレスを使って、グーグルやインスタと通信
するわけです。

ワンポイント

クライアント／サーバ型
機能やサービスを管理・提供する「サーバ」とそれを利用する「クライアント」に役
割を分担するしくみ。サーバとクライアントはネットワークによってつながる。

電子メール

電子メールはインターネット上でメッセージをやり取りするためのしく
みです。**メール送信**には**SMTP**、**メール受信**には**POP3**や**IMAP4**という
プロトコルを使います。自分のスマホから相手のスマホへ直接メールを送る
と、相手が電源をOFFにしているときは届かなくなってしまいます。そこで、
いつでも動いている**メールサーバ**を経由することで、**いつでもメールを送れ
る**ようにしています。

「自分→自分が属しているドメインの送信メールサーバ→相手が属してい
るドメインの受信メールサーバ」までは**SMTP**を使って**瞬時にメールが送られ
ます**。届いたメールは受信メールサーバに蓄積され、「相手が都合のいいタイ
ミングで受信を行う」ことで最終目的地である相手のパソコンやスマホに届き
ます。この**受信部分で使われるプロトコル**が**POP3**や**IMAP4**です。

電子メールのしくみ

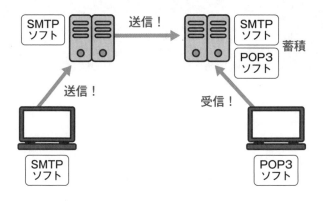

メールアドレスの書き方は、**ユーザ名@ドメイン名**　と定められています。

hogehoge@gihyo.co.jp

　上記の例であれば、日本の営利組織である**技術評論社にいる、hogehoge
さんのメールアドレス**であることがわかります。

　メール送信のプロトコルである**SMTP**はずいぶん昔に作られたため、英数
字や基本的な記号しか送ることができません。そこで、**ひらがなや漢字を送っ
たり、写真などのファイルを添付したいとき**は、**MIME**という**プロトコル**
にしたがってこれらの**データを英数字の形式に変換して送信**します。「3MB
の写真をメールに添付したら、なぜか4MBになった」といった現象が起こる
のは、**変換処理**をしているからです。

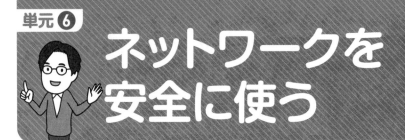

ネットワークを安全に使う

ファイアウォール

　ネットワークは常に**不正アクセス**や**情報漏えい**などの**リスク**にさらされています。安心してネットワークを使うための機器や運用方法を知っておくことが大事です。代表例として**ファイアウォール**を覚えておきましょう。ファイアウォールは**ネットワークの境界部に設置して、通信の可否を判断する機器**です。関所のようなものです。たとえば、学校とインターネットをつなぐ部分に置き、「Web通信はOKだけど、LINEの通信はダメ」、「送信してもいないのに、返信が来るはずないから怪しい」といった**通信制御**を行います。

ファイアウォールのイメージ

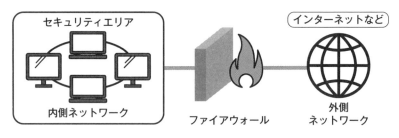

　また、1つだけのファイアウォールでは**不正通信**に**突破されてしまう**こともあるので、学校とインターネットの間だけではなく、教室と職員室の間にも置いたり、自分のパソコンにも「パソコンとその外側との間の防壁になる**パーソナルファイアウォール**」をインストールしたりします。

　パーソナルファイアウォールは、**マルウェア**（**悪意のある動作をするソフトウェア**：**コンピュータウイルス**など）を発見、削除してくれるマルウェア対策ソフトがセットになっているものもあります。ただし、**マルウェア対策ソ**

フトがマルウェアを発見する方法は**パターンマッチング**といって、**過去のマルウェアの情報（パターンファイル：シグネチャ）と怪しい情報を照合**するものが多いです。交番にある「この顔見たら110番」と同じようなやり方ですから、たとえば**パターンファイルが古いと、新しいマルウェアは発見できません**。すべてのマルウェアを見つけられるわけではないことに注意しましょう。

暗号化

インターネットはみんなが参加できるネットワークで、しかも回線を共有しているので低コストで使えることに長所があります。でも、違う見方をすれば、**知らない人に自分の通信内容を見られる可能性**があるということです。

見られないしくみにインターネットを作り替えることは現実的には無理ですし、インターネットの長所もなくなってしまいます。そこで**送受信する情報**を**暗号化**することで赤の他人には自分の**情報が読み取られない**ようにします。

暗号化は**もとのデータ（平文）を一定のルールにしたがって暗号文に変換**する作業です。暗号文をインターネットで送って、受信者はまた一定のルールで変換し（**復号**といいます）平文に戻します。**悪意のある第三者が送受信中に盗み読みをしても、復号の方法がわからないので安心**というしくみです。

最も古典的な暗号と言われる**シーザー暗号**は、「**アルファベットを3文字分ずらす**」というルールになっていました。

平　文　abcd
↓　（暗号化）
暗号文　defg
↓　（復号）
平　文　abcd

ところが、毎日同じ暗号を使い、毎日それが盗み読みされるとすると、次第に「一定のルール」を推測されてしまいます。新しいルールを思いつけばいいのですが、そうそう見つかるものでもありません。

そこで、「一定のルール」を分解するようになりました。

> アルファベットをずらす　（暗号アルゴリズム）
> ３文字分ずらす　（鍵）

　暗号アルゴリズムのほうはそうそう思いつきませんが、鍵は「今日は４文字分」「明日は５文字分」のように**どんどん変えていける**ので、暗号をより安全に使えるようになりました。

　コンピュータの登場以前からずっと使われていたのは、**共通鍵暗号方式**です。暗号化をする鍵と、復号をする鍵が同じ（**共通**）なのでこの名前があります。**送信者と受信者が同じ鍵を秘密に持ち合う**必要があるので、**秘密鍵**とも呼ばれます。第三者に秘密鍵が漏れると、暗号が解読されてしまいます。

共通鍵暗号方式

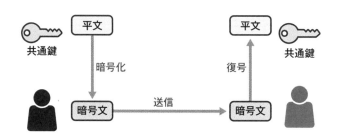

デメリット

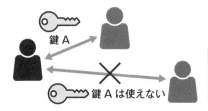

送信者と受信者の両方が同じ鍵Aを持つことで暗号通信する。別の人と暗号通信するには、別の鍵を新たに作らないといけない

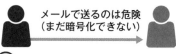

鍵Aを作ってインターネットで送るのは盗聴のリスク

インターネットが普及すると、不特定多数の知らない人と暗号通信を行う機会が増えました。この用途に共通鍵暗号方式は不便です。送信者と受信者が同じ鍵を持つ必要があるので、初対面の人とは暗号通信ができません。どちらかが鍵を作って送るにしても、そこでインターネットを使うわけにもいきません。まだ鍵を交換していない状態なので暗号化通信ができず、**盗み読み**（**盗聴**）されてしまいます。鍵を盗み読みされてしまったら、そのあといくら暗号通信をしても、盗まれた鍵で復号されてしまいます。せっかくのインターネットなのに、鍵を郵便で送ったりするのでは不便です。仮にそれを実行したとしても、多くの人と通信するときには大量の鍵を作らないといけません。同じ鍵を使い回すと、他の人に暗号文を復号されてしまうからです。

　そこで登場したのが**公開鍵暗号方式**です。この方式のポイントは、**暗号を作るだけの鍵**（**公開鍵**）と、**暗号を解読できる鍵**（**秘密鍵**）に、鍵の役割を分けたことです。2つの鍵はペアになっていて、**ある公開鍵で作った暗号はペアの秘密鍵でしか復号できません**。

　すると、公開鍵は「暗号を作ることしかできない」ので、Webページなどで公開してしまって大丈夫です。悪い人に入手されても、復号してひみつを盗み読みされたりしないからです。そのため、受信者が鍵のペアを作り、送信者に対して公開鍵をWebやメールで送ることができるようになりました。もちろん、**復号ができる秘密鍵**のほうは受信者が誰にもないしょで持っていないといけません。これが漏れると自分以外の人に暗号文を復号されてしまいます。

公開鍵暗号方式

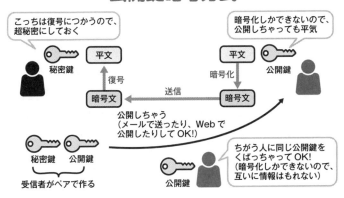

公開鍵暗号の特性によって、鍵の数も減らすことができます。通信相手のＡさんにもＢさんにも同じ公開鍵を渡せる（暗号文を作ることしかできないので、ＡさんからのメールをＢさんが復号するのは無理）ので、通信相手が増える度に新しい鍵を作らなくてすむのです。

デジタル署名

紙の書類を作ったとき、「これを作ったのは確かに私です！」と示すために**署名**をすることがあります。訂正したときも、「この訂正は私がやりました」と署名をします。**本人が作ったこと**、**誰かが直したりしていないこと**を証明しているわけです。

デジタルデータには自筆で署名をしたり、ハンコを押したりすることができませんが、その代わりをするのが**デジタル署名**です。

デジタル署名は、**公開鍵暗号方式の技術を応用**して作られています。送信者は**データに対して署名ができる秘密鍵**と、その秘密鍵とペアになっていて「**ちゃんとペアの秘密鍵で署名をしたか、署名したときからデータが改ざんされていないか**」を検証できる**公開鍵**を作成します。公開鍵のほうは受信者に送ってしまいます。

公開鍵できちんと検証ができるデータを作れるのは、その公開鍵とペアになっている秘密鍵を持っている送信者だけなので、「確かにその送信者が作ったデータだ」と知ることができるわけです。もちろん、送信者が秘密鍵をうっかり他人に漏らすと、その人が勝手なデータを作って署名をしてしまうかもしれません。

また、本物のハンコでも、100円ショップで他人のハンコを容易に購入できるように、電子署名でも最初から悪い人Ａが「Ｂさんの鍵ですよ」と偽って秘密鍵と公開鍵のペアを作っているかもしれません。そんな**不正を防止するためのしくみがPKI**で、第三者機関（役所や民間企業）が鍵を作った人の身元確認をして、その公開鍵を含んだデジタル証明書を発行してくれます。

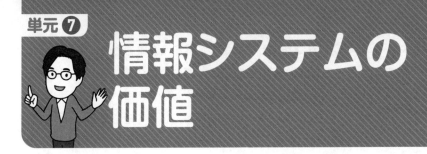

単元❼ 情報システムの価値

さまざまなサービス

情報システムには色々な種類があります。**PoS**（販売時点管理）は**コンビニのレジ**などで見かけるサービスですが、**バーコード**や**QRコード**を読み取って**瞬時にレジ打ち**を終わらせます。

GPS（全地球測位システム）は**衛星からの電波を受信**することで、GPSに対応しているスマホやタブレットが**いまどの場所にいるかを瞬時に特定**することができます。

それ単体でも便利ですが、GPSやPoSが生産や販売、流通、決済のシステムと連携することで、「**サンドイッチの在庫がなくなったから、追加してもらえるように本部に自動的に発注する**」とか、「**雨降りの火曜日にはジュースがよく売れるみたいだから、今度そんな日があったら多めに発注して売り切れをなくそう**」とか、より便利に、より効率のいいしくみを作り上げていけます。

GPSにしても、単に場所を知るだけでなく、**地図と連動して目的地までの移動方法**をわかりやすく示したり、配達を頼んだ**ピザが今どこにいるのか**がわかったりすれば、より価値が高まります。

情報システムと通貨

情報と**通貨**は相性がいいです。1万円札の台紙に1万円の価値はありません。そこに印刷されている「1万円」という情報があの紙の価値を創り出しています。すると、「情報技術がこれほど進歩しているんだから、紙の1万円札じゃなくてもよくね？」という話になり、**クレジットカード**や**電子マネー**が登場しました。

電子マネーには**ICチップ**を使ってお金の情報を管理するもの、**QRコード**を使うものなどがあります。ICチップのほうが瞬時に決済できますが、QRコードのしくみのほうが安価に作れるので様々な場所での活用が進んでいます。

　現金との連動のさせ方についても、最初にお金を払って電子マネーを買っておく**プリペイド型**や、使った分だけあとから**クレジットカード**で引き落とされるもの、**銀行口座**から引き落とされるものなどがあります。

　また、**ブロックチェーン技術**を使った**暗号資産**（仮想通貨）も存在感を増しています。いままでお金は**中央銀行**などが管理することでその価値を安定、持続させてきました。しかし、**銀行**という「えらい人」がいると（**中央集権型**）、えらい人が必要ではないと考えたサービスはみんなが欲していてもやってもらえなかったり（海外向けの少額送金や、難民向けの金融サービスなど）、えらい人が間違えたり、不正をしたときの被害が大きくなることがあります。

　そこで、**みんなが参加して運用し、みんなが相互監視する**こと（**非中央集権型**）で、**透明で公平な金融サービスを作ろう**という機運が高まり、登場したのが**ビットコイン**や**イーサリアム**などの**暗号資産**です。

　不特定多数の人が参加することで、透明で公平なしくみを作れるのであれば、お金のことだけに使うのはもったいないということで、**政治のしくみ**や**会社のしくみに応用**しようという動きもあり、それは**Web3**などと呼ばれています。

　利点も多いしくみですが、万全というわけではないので、よく理解した上で使うことが重要です。たとえば、ブロックチェーンは不正が行いにくい安全なしくみだと言われていますが、暗号資産を円やドル（**ブロックチェーンの外側のしくみ**）と交換する**交換所**などでは**資産が盗まれたり、消えたりする事故**も起こっています。

　みんなが参加して、みんなにとっていいしくみを作り、動かすという意味では選挙がよく似ていると思います。たぶんみんな選挙は大事だと思っています。でも、選挙の投票率は高くありません。行くのが面倒だからです。

　ブロックチェーンも同様で、上手に動かせば社会の多くの分野で透明で公平なしくみを作れるかもしれません。でも、めんどうなしくみはあまり参加者を増やせないことが多いです。すると、少数の人だけが票を持って選挙をするの

と同じようになり、不正が可能になったり、密室での運用になったりします。

　例外的にビットコインやイーサリアムがうまく動いているのは**お金のしくみ**だからです。参加して運用に貢献するとビットコインやイーサをもらえるので、そのお金目当てに**多くの人**が集まっています。

　中央銀行が運用する通貨と違って暗号資産は参加する人の民意で動いているので、人気が集中すれば価値が高く、人気がなくなれば価値が低くなります。法定通貨にもその側面はありますが、暗号資産はより**暴騰や暴落を起こしやすい**ので注意が必要です。

ビットコインのしくみを視覚化したchainFlyer

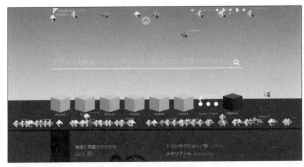

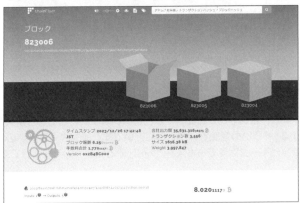

bitFlyer社の提供する「chainFlyer」の画面
URL：https://chainflyer.bitflyer.jp
chainflyerではビットコインの取引や移動、発掘の様子がリアルタイムに表示される。

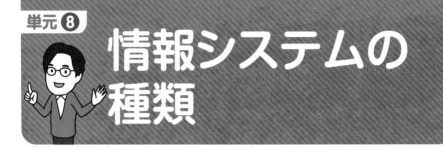

情報システムの種類

　情報システムはさまざまな場面で使われるので、多種多様な分類方法があります。ここでは**集中処理**と**分散処理**について理解しておきましょう。

集中処理

　集中処理は**もっとも古典的な情報システムの構成方法**です。中央に性能がよくてでかくて高価な**大型コンピュータ**を設置し、**末端利用者（エンドユーザ）**はそれを「使わせてもらう」といった形態です。昔はコンピュータが高額で大きかったので、これしかやりようがなかったのです。あまりにも大きくて、1人1台なんて無理でした。本当の最初期は大型コンピュータのところまで移動してコンピュータを利用していましたが、それはあまりにも面倒なので各フロアなどに**入力と表示だけができる装置**（**ノンインテリジェンス端末**や**ダム端末**などといいます）を置いて、大型コンピュータとつないで使いました。

ワンポイント

最初期の大型コンピュータ
メインフレーム、ホストコンピュータなどといいます。ここでいうホストは「お世話してあげる」くらいの意味で、サーバに近いです。インターネットの世界で「通信可能なコンピュータは何でもホストと呼ぶ」のとは違うので要注意です。

集中処理と分散処理

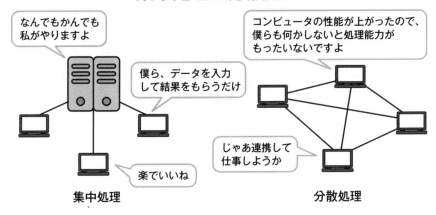

集中処理

分散処理

　大型コンピュータによる集中処理はなにせ「会社に1台」といった使い方をするやり方なので、「高等部だけこんな画面にしたい」とか「1年生だけこういう機能をつけて欲しい」といった要望にうまく応えることが難しいです。

　コンピュータの低価格化、小型化につれて、「部署ごとにコンピュータがあったほうがいいのでは？」「いっそ1人1台がよくね？」という言葉に押され、集中処理は次第に人気を失っていきました。中央のコンピュータが壊れると情報システム全体が壊れますし。

　しかし、集中処理が悪いというわけではなく、向き不向きがあると考えてください。今でも**銀行の情報システム**などは集中処理が使われています。本店に大型コンピュータがあり、そこにネットワークで接続される装置が**ATM**です。各ATMが勝手に入金や出金をして、お金の計算があわなくなったら大変です。中央の大型コンピュータしかお金の計算をしていないので、残高の間違いなどが起こりにくいと考えてください。

分散処理

　集中処理だと1人1人に応じたカスタマイズなどが難しいので、コンピュータの普及とともに拡まったのが**分散処理**です。典型的な形態としてはこれまでに学んだ**クライアント／サーバ方式**があります。Webサーバが世界に1台

しかなかったら使うのが面倒そうですが、学校に1台、会社に1台といった形で分散しているので、各学校ごとに好きなWebサイトを作れたりするわけです。

クライアント／サーバ方式による分散処理

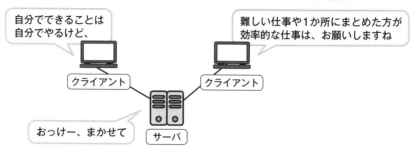

クライアント／サーバ方式だとサーバが（サービスしてあげる側なので）より多くの仕事をこなしていますが、「**全部のコンピュータをみんな対等にするぞ！**」という考え方もあって、**P2P（Peer to Peer）**と呼ばれています。

「権力を集中させない」、「みんな対等」というととてもいいことに聞こえます。災害などに遭っても、たくさんあるコンピュータのどれか1台でも生き残っていれば仕事を再開できるかもしれません。

しかし、視点を変えると同じ仕事をあっちでもこっちでもやっていると考えることもできます。ATMの例のように、分散しているコンピュータがばらばらに計算した結果、つじつまがあわなくなることも考えられ、その管理や補正に手間や時間がかかります。

また、**機密情報**などを扱う場合、「あっちのサーバにも、こっちのサーバにも機密情報がある」状態になりがちです。集中処理だと中央のコンピュータだけ守っていればよかったのですが、分散させるとそうもいかなくなります。

分散させすぎた結果、かえって使いにくくなったり、効率が落ちたりすることもあるので、バランスよく情報システムを作ることが大事です。

オープンデータ

昔、データは組織内に抱え込むものでした。「価値があるんだから、他のや

つには見せてやらない」という発想です。しかし、情報システムの世界では公開すると他の人も助かるし、巡り巡って自分の得にもなると考えられるようになりました。ソフトウェアなどでもそうなのですが、**オープン**にすべきなのか、それとも**独占（プロプライエタリ）**したほうがいいのかは今でも論争が続いています。

　情報を公開すればなんでもいいわけではなくて、**オープンデータ**にはちゃんと定義があります。

- 営利目的、非営利目的を問わず、二次利用可能なルールが適用されている
- 機械が判読できる
- 無償で利用できる

　よく「オープンデータなんだから、それを利用した製品はタダにしろ」などと言われますが、**ルール**さえ守ればオープンデータを使って有償製品を作るのは問題ありません。

　また**コンピュータが判読できること**も重要です。取りあえず公開すればいいだろうと、PDFやExcelで公開されているデータは、たとえば高価なExcelを持っていないと読めませんし、人間が読みやすいように工夫されたグラフやExcel方眼紙（超絶技巧を使ってExcelを何かの申込書にしたり、1マス1マスを原稿用紙みたいにする使い方）はコンピュータにとってはまったく読みやすくなく、非効率です。

　そこで**CSV**（カンマ・セパレーテッド・バリュー）形式で公開するなどの工夫をします。CSVはその名の通り、**各データをカンマで区切っただけ**のシンプルなファイル形式ですが、コンピュータにとってはこちらのほうがずっと読みやすいのです。

CSVの例　英語,98,数学,77,国語,82

　次図は**ある自治体のオープンデータ（消火栓の場所）**をダウンロードしてき

て、**地図上に描いてみた事例**です。この自治体が自身でこうした地図を作らなくても、オープンデータにして公開することでこうして誰かが地図にしてくれるかもしれません。情報の活用が進んでいくわけです。

　近年はプログラミング環境も整備されているので、数行のプログラムでこうした加工をすることができます。ちなみにこの地図はプログラムすら書いておらず、オープンデータを**ChatGPT**に渡して「**地図上に描いてみて**」と頼んだだけです。

※鯖江市のデータで著者作成

　みなさんの場合は既存の写真や絵を利用して**二次創作**を行うときに、「使っていいのか？」と頭を悩ませるのが最も身近な話題かと思います。**著作者が「いいよ」と意思表示するためのルール**に**クリエイティブコモンズ（CC）**があって、このマークのついているものは安心して使うことができます。

クリエイティブコモンズのマーク

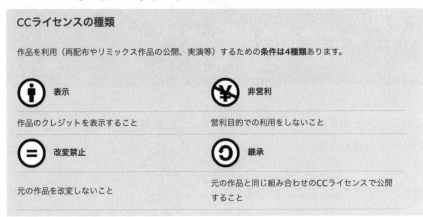

CCライセンスの種類

作品を利用（再配布やリミックス作品の公開、実演等）するための**条件は4種類**あります。

　⊙ **表示**

作品のクレジットを表示すること

　⊙ **改変禁止**

元の作品を改変しないこと

　⊙ **非営利**

営利目的での利用をしないこと

　⊙ **継承**

元の作品と同じ組み合わせのCCライセンスで公開
すること

https://creativecommons.jp/licenses/

　たとえばこのようなマークがついていれば、元になっている作品の情報を表示し、かつ元作品をいじってはいけません。

情報システムの信頼性

情報システムにとって、**データ**は**めちゃくちゃ重要**です。極端な話、コンピュータは壊れてもお金さえ出せば買ってくることができますが、友だちと撮った写真や1000時間ぶっこんでやりこみにやりこんだゲームのデータは二度と戻ってきません。どこかで売っているわけではないからです。それが壊れたらと思うと恐ろしいことです。

会社の仕事も情報システムへの依存を増しているので、100年かけて作った秘伝のタレのレシピを保存したパソコンが壊れたら、明日は廃業かもしれません。そう考えると**信頼性を上げる対策**はめちゃくちゃ大事です。

情報システムの信頼性を上げる方法は大きく2つに分けられます。

- フォールトアボイダンス
- フォールトトレランス

フォールトアボイダンスは昔ながらのやり方で、お金や手間暇をかけて**壊れないものを作ろう**とします。「民生品と違って軍用の靴は丈夫だぜ！」というのは一種のフォールトアボイダンスです。ただ、フォールトアボイダンスは**お金がかかるのが難点**です。

そこで登場したのが、「どこかが壊れたとしても、全体として動いていたり、安全ならいいんじゃね？」という発想です。これを**フォールトトレランス**といいます。

たとえば、コンピュータの**補助記憶装置**に**ハードディスク**があります。あれは極めて高速に回転しています。性能のいいものだと、10000rpmすなわち1分間に10000回転しています。下手な車のエンジンより激しく回っているのです。

どんな機械でもそうですが、激しく動くものほど壊れやすいです。私たちは写真や音楽などの大事なデータを、情報システムのなかでも壊れやすいパーツに保存しているのです！

　でも、**壊れないような頑丈なハードディスクを作ろう（フォールトアボイダンス）**とすると**とても高価**になります。

　そこで、ふつうのハードディスクだけと2台並べて両方に同じデータを保存しておこう、**どっちか壊れてももう片方が生き残ってる**から大丈夫！といった対策が現れました。それが**フォールトトレランス**です。

　フォールトトレランスの具体例は何種類もあります。**フェールソフト**は「壊れるにしても、無難に壊れよう」です。たとえば、パソコンで宿題用のワープロとゲームが動いていたとします。パソコンの調子が悪くなってどちらかシャットダウンしないと全体が壊れる！といったときに、ゲームをシャットダウンして、**大事なほう**（やりかけの宿題。人によってはゲームのほうが大事でしょうが）をきちんと生存させるのがフェールソフトです。

　私は車のレースに出場しますが、事故になったときに派手にシャーシが飛び散って衝撃を吸収し、ドライバーのまわりの本当に頑丈な部分を無傷で残してくれます。これも一種のフェールソフトです。決してテレビ映りのいいシーンを演出するために壊れやすくなっているわけではありません。

　フェールセーフは「壊れるにしても、**安全な壊れ方**をしよう」です。信号機が壊れるとき、青がつきっぱなしで壊れるのと、赤がつきっぱなしで壊れるのでは、同じ故障でもあぶなさが全然違います。故障してつきっぱなしになってしまうのならば、必ず赤がつきっぱなしになるように対策するのが、フェールセーフです。

　スキーを習うとき、まず転び方を教わると思います。初めての人に「転ぶな」（フォールトアボイダンス）といっても無理な相談だからです。そこで、「山側に転ぼう、谷側に転ぶとあぶない」となるわけですが、これもフェールセーフです。

　間違った使い方をしてもなんとかなるぜ！という設計は**フールプルーフ**（ろくでもない使い方に耐性あるよ！の意味。水に耐性のある化粧品はウオータープルーフですよね）です。ファイルを消すとき、いきなり消去するのでは

なく一度ごみ箱に入るのはフールプルーフです。**間違っても復活の機会があるわけです。**

　パソコンが**1台あればすむ仕事のために2台用意**しておいて、**片方が壊れても大丈夫**とやるのは**冗長化**といいます。このとき、その2台に同じ仕事をさせておくと**デュアルシステム**、それはやっぱり無駄だから片方に大事な仕事、もう片方にそうでもない仕事をさせておき、大事な仕事をしているほうが壊れたらもう片方を大事な仕事に切り替える（**フェールオーバ**）と**デュプレックスシステム**といいます。

　日常生活で冗長というのはたいてい悪い意味です。「君の話は冗長だね」と言われたら、「話が無駄に長いね」ってことです。でも、情報システムの世界では、このように**冗長はいい意味で使われることがある**ので注意しましょう。

　データが壊れるととんでもなく困ったことになるので、大事なデータは**バックアップ**（**複製**）をしておきます。片方が火事にあったり、間違えて消してしまったりしても安心です。

　ただし、**バックアップには上手い下手があります。**オリジナルのデータと同じハードディスクにバックアップを保存するのは下手なやり方です。そのハードディスクが壊れるとオリジナルもバックアップも一緒に壊れます。

　先ほどの「2台のハードディスクを用意してどっちにも同じデータを保存しておく」のは**RAID1**とも呼ばれるしくみで、故障防止などの意味で信頼性は上がりますが、バックアップではありません。たとえば**間違ってデータを消したときには、2台から同時にデータが消去されてしまい、復旧できない**からです。

　そのため、バックアップはできれば**違う媒体**（オリジナルがハードディスクに保存されているなら、読み書きは遅いけれどもより壊れにくい**ブルーレイ**や**DVD**など）に保存して、可能であれば**遠隔地に保管**します。地震などに同時に遭わない工夫です。

　また、最新のバックアップしか取得していないと、「ああ！先週の木曜日の状態に戻したい！バックアップから復旧できるかと思ったけど、バックアップは昨日のしかない」といったことになります。そこで、単に最新のバックアップを取るだけでなく、**世代管理**をおこないます。

フルバックアップ

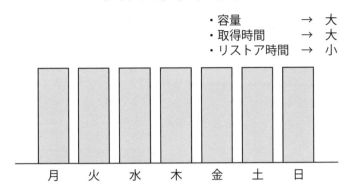

- 容量　　　　→　大
- 取得時間　　→　大
- リストア時間　→　小

　たとえば一日一回バックアップを取るとして、**毎日完全なバックアップを取得する世代管理の方法**を**フルバックアップ**といいます。この場合、土曜日の状態に戻す（**リストア**）のは簡単ですが、バックアップに**容量も時間もかかります**。

差分バックアップ

- バランス型

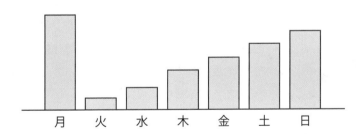

　そこで効率をよくしようとしたのが**差分バックアップ**です。基準日を決めて（この場合は月曜日）、火曜日や水曜日は「月曜日から**変更があったぶん**」のバックアップだけを取りますので、だいぶ**容量と時間を節約**できます。しかし、**元に戻す（リストア）には一手間かかります**。土曜日の状態に戻すためには、まず月曜日のデータをリストアし、そこに土曜日のデータを更にリストアしないといけません。

増分バックアップ

・容量　　　　→　小
・取得時間　　→　小
・リストア時間　→　大

| 月 | 火 | 水 | 木 | 金 | 土 | 日 |

　もっとケチケチやろうとしたのが**増分バックアップ**です。差分バックアップに対して、基準日（この場合は月曜日）にフルバックアップをとるのは一緒ですが、火曜日は月曜日からの変更分だけを、水曜日は火曜日からの変更分だけをバックアップします。するとデータを**バックアップする容量も時間も最小にできます**が、**リストアするのが大変**です。土曜日の状態に戻すには、月→火→水→木→金→土と６回もリストアしないといけません。

　最近はなんでも数値で表さないと怒られるので、**情報システムの信頼性**についても定量化した指標が定められています。代表的なのは**平均故障間隔**（**MTBF**：Mean Time Between Failure）と**平均修理時間**（**MTTR**：Mean Time To Recovery）で、平均故障間隔が100時間なら、「まあ100時間くらいはトラブルなく連続で動いてくれるでしょ」となりますし、平均修理時間が６時間なら「故障してもだいたい６時間で直る」ことを表します。

単元⑩ データの活用とデータベース

現在は**データ駆動型社会**と呼ばれ、とにかくデータの重要性が増しています。同じケーキを売っていても、「12月の火曜日で日中の平均気温が11度なら、だいたい15個売れるぜ」ということを**データ分析**によって知っているのといないのとでは、無駄にする素材の量や得られる利益が全然違ってしまうかもしれません。

そこで、とにかく**1. 大量のデータを集め、2. 素晴らしい速度で分析し、3. いままでには考えられなかった多様なデータを分析対象にするビッグデータのブーム**が起こりました。こうした大量のデータに統計学、パターン認識などの手法をあてはめて**網羅的な分析**を行うことを**データマイニング**といいます。

しかし、データはただ集めればいいというものではありません。運用不能なゴミデータがたくさんあってもデータマイニングはできません。ちゃんと管理することが重要です。**データの管理に使うソフトウェアのことをデータベース**といいます。Excelなどでもデータを貯めておくことはできますが、たとえばみんなで同時にデータを使っていて矛盾してしまうような事態を防ぎやすい（**排他制御**）のはデータベースです。

排他制御

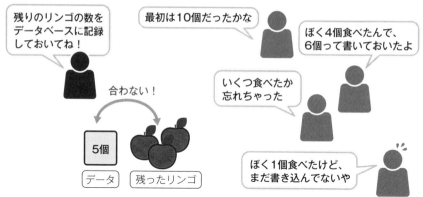

データベースはみんなで
使うものなので、好き勝手にデータの読み出しや
書き込みができると、たいていろくでもないことが起こります。

身近なところでは、トイレって排他制御をしていますよね。

いやな排他制御

　このようにデータを矛盾なく保持したり、使いたいデータだけ抜き出して
くることが得意なデータベースはあらゆるビジネスで使われています。デー
タベースには**データの表現の仕方**により**階層型データベース、ネットワーク
型データベース**などの種類がありますが、最も普及しているのはデータの関
係に着目して、**表形式で管理**する**リレーショナルデータベース**（**関係データ
ベース**）です。

リレーショナルデータベース

アイテム	場所	難易度
すごい剣	宿屋の裏	難
イカす盾	城の井戸	普通
高い腕輪	洞窟の奥	簡単

列：表

行

表：テーブル　　行：レコード　　列：フィールド

　リレーショナルデータベースでは**1件のデータ**のことを**レコード**と呼び、**データの追加**や**削除**はレコード単位で行います。上記の例の「**アイテム**」や「**難易度**」のことは**属性**といいます。

　狙ったレコードは「これ！」と特定できないとまずいのですが、たとえば学籍簿があったとして生徒を氏名で特定しようとすると同姓同名の人がいるかもしれません。電話番号（兄妹で一緒だったりするかもしれませんが）や学籍番号のように**確実に特定できる**属性を**候補キー**といい、候補キーのなかで「よし、これにしよう」と決めたものを**主キー**と呼びます。主キーにはたいてい**通し番号**や、**学籍番号**、**社員番号**などが使われます。

　データベースの表は、**関係論理演算**という操作をすることで**目的にあった形に変更**できます。

関係論理演算

選択：データの中から、必要な行だけを抜き出す演算
射影：データの中から、必要な列だけを抜き出す演算

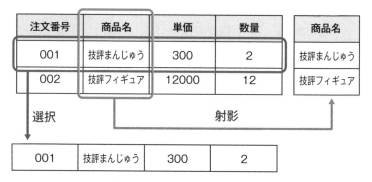

結合：2つの表を、「**商品番号**」をもとに結合

注文番号	商品番号	数量
001	A1	2
002	A2	12

商品番号	商品名	単価
A1	技評まんじゅう	300
A2	技評フィギュア	12000

2つの表をくっつける

注文番号	商品番号	商品名	単価	数量
001	A1	技評まんじゅう	300	2
002	A2	技評フィギュア	12000	12

　データベースに対してこうした操作を指示するために、**問い合わせ言語**を使います。代表的な問い合わせ言語に**SQL**があります。

　データベースは情報の一貫性を保ち、かつ更新ミスなどを少なくするために**データを整理する**（**正規化**といいます）ことがあります。

正規化

注文番号	商品番号	商品名	単価	数量
001	A1	技評まんじゅう	300	2
002	A2	技評フィギュア	12000	12
003	A1	技評まんじゅう	300	6

表を分割

注文番号	商品番号	数量
001	A1	2
002	A2	12
003	A1	6

商品番号	商品名	単価
A1	技評まんじゅう	300
A2	技評フィギュア	12000

　たとえば正規化をする前の表ですと、注文のデータを保存するとき、技評まんじゅうが売れたのに、「A2　技評まんじゅう」と入力してしまう可能性があります。A2は技評フィギュアの商品番号ですから、大間違いが起きたわけです。そこで、**表を分割して正規化**することにより、こうした**ミスを防ぐこと**ができます。今度は注文を保存するときに必要なデータは、注文番号の001、商品番号のA1、数量の2だけですから、「A2　技評まんじゅう」などと矛盾したデータを入力する可能性が激減です。「A1」って商品名で言うとなんだっけ？　と思ったときも、となりの表と照らし合わせれば、「技評まんじゅう」であることがすぐにわかります。

データの種類

　データは大きく、**質的データ**と**量的データ**に分類することができます。質的データはインタビューなどの**文字情報**であることが多く、量的データは気温などの**数値情報**であることが多いです。それぞれの分類に応じて適切な集め方や分析の仕方を考えることが大事です。

[推しに関するアンケート]

　a. まずは生誕年を聞いておこうか　　＿＿年

　b. 推す手段を教えてもらおう　　1. 課金　2. オタ芸の披露

　c. 1日のうち普及活動にかける時間は　　＿＿時間

　d. 推しが尊いと感じる状況に順位をつけて

　　　（　）笑顔を見た　　（　）努力の跡を見た

　例を使って確認しましょう。**b**と**d**は**質的データ**です。そのなかでも**b**を**名義尺度**といいます。分析しやすいように課金を1、オタ芸の披露を2などとしていますが、この数値の順序や大きさに意味はなく、逆にしても成立します。

　dは**順序尺度**です。これもあとで分析しやすいように数値を割り当てていますが、2－1などとやっても意味はありません。しかし、順位づけをしていますから数値の大小には意味があるわけです。

　aと**c**は**量的データ**です。その中でも**a**を**間隔尺度**といいます。間隔尺度の数値は**等間隔**になります。2000年と1999年、2000年と2001年は同じ1年分の隔たりがあります。したがって足し算や引き算の処理が可能ですし、**平均値**などに意味がある場合もあります。そして、0が「ない」ことを意味しません。西暦0年は存在しますし、その前に西暦－1年もあります（天文学分野

の話です。あの分野は紀元前1年とは言わないですよね)。

cはこうした特性に加えて比にも意味があるので**比例尺度**と呼びます。10時間普及活動をしている人は、5時間の人より2倍頑張っていると表現できます。またこれが0時間だと、「何もしていない」という特別な意味を持ちます。

それぞれの尺度で、意味を持つ代表値

	最頻値	中央値	平均値
名義尺度	○	×	×
順序尺度	○	○	×
間隔尺度	○	○	○
比例尺度	○	○	○

ワンポイント

代表値
集団の中心的な傾向を示す数値を「代表値」といいます。平均値や最頻値、中央値が用いられます。

データを取得すると、とんでもない値が混じることがあります。偏差値80というのはあんまり出現しないデータなので**外れ値**であると言えます。たとえばプールの水温を測っていて300度になるなど、間違いであることが明らかであれば**異常値**として取り除きますが、外れ値は「**珍しいけど、あり得る**」値を含むので、取り扱いは慎重にする必要があります。きっと間違いだと思って外れ値を削除してしまい、せっかくの分析の手がかりを消してしまうこともあるからです。

また、計測をし忘れたとか、アンケートに答えてもらえなかったといった**欠損値**が生じることもあります。これもたとえば「一律にゼロと換算しよう」などとやると、収集したデータの意味が変わってしまうことがあるので、無回答のデータは削除したり、他のデータと別枠で分析したりします。

データの分析と可視化

単元 ⑫

　せっかくデータを分析しても、読んでもらえなければ意味がないですよね。そこでわかりやすく**可視化**することで、多くの人に結果を理解してもらえたり、数値や文字だったときには発見できなかった関連を見つけられるかもしれません。可視化には主にグラフが使われ、**表計算ソフトやBIツール**などを使えば特に絵心がなくても手軽に可視化が行えるようになってきています。

主要なグラフ

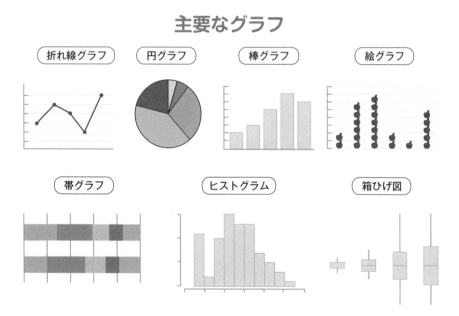

　別単元で学習した**データマイニング**のなかでも、**文章を対象にしたものをテキストマイニング**、Webを対象にしたものを**Webマイニング**と呼びます。これらの分析結果は専門的な知識がないと意味を理解するのが大変でしたが、**可視化の手法**が高度化して一目で意味を理解できることも増えました。

インターネットの接続状況を可視化した図

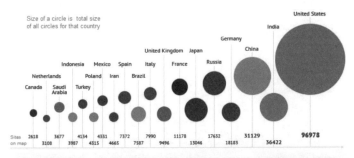

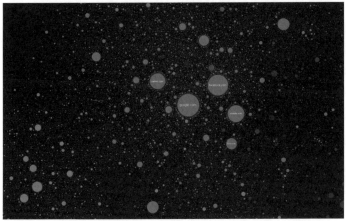

出典：The internet map（https://internet-map.net/）

都市交通のデータを可視化した図

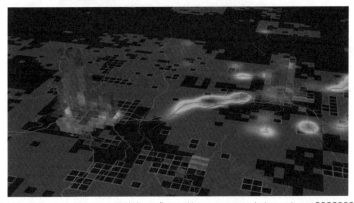

出典：MaaS Tech Japanニュースリリース（https://www.maas.co.jp/news/news20220630/）

テキストマイニングの可視化（ワードクラウド）

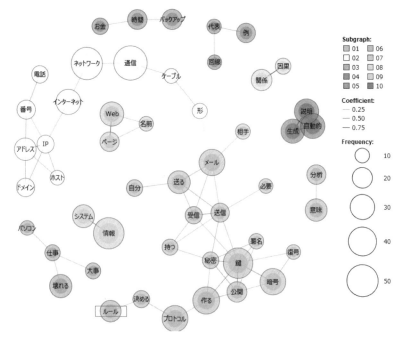

様々な　しれる　いいい　ファイル　かかる　高い
不正な　伝える　受け取る　できる　過ごす　にくい
そのため　記録　データ　グラフ　近い　焼く　考える
不便な　音質　受信　カセットテープ
気持ちいい　おく　推す　速い　送る
特別な　フィルターバブル　呼ぶ　払う　丸い
すばやい　情報技術　好きだ cd　支持者
違う　価値　言う
同じい　sns　仲介　コピー　メディア　オリジナル　変わる
知る　いい　図　電子マネー　グループ　使う
もらう　長い　握手　社会　情報　コーラ　番号　テレビ
簡単な　コミケ　特徴　やすい
多い　難しい　安い

本書の一部をテキストマイニングで試したもの（ユーザーローカル社AIテキストマイニングにより作成）

テキストマイニングの可視化（共起ネットワーク）

本書の一部をテキストマイニングで試したもの（分析にはKH Coder（樋口2020）を使用した）

近似値を活用する

学問と違ってビジネスの世界では、「**厳密には正確でなくてもいいので、素早く正解に近い結果が欲しい**」という場面があります。

たとえば、円周率はものすごく長い間考え続けられていますが、いまだ完全な数値を得るには至っていません。その計算方法を理解するのも大変です。

しかし、面積4平方センチの正方形と、そこに内接する円を想像してみてください。この円の面積は半径（1cm）×半径×（1cm）×円周率ですから、円周率平方センチになるはずですよね。つまり、円の面積を求めれば、円周率になるはずです。問題はどうやって円の面積に迫るかですが、この図形にランダムに点を打っていったらどうでしょう。でたらめに10個の点を打って、うち8個が円の中に入っていれば円の面積は正方形の8割くらいかな？ と考えることができます。4×0.8＝3.2です。

モンテカルロ法

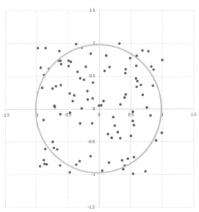

1万回試行して7875個の点が円内に入れば円の面積は正方形の78.75％と考えられるので、4×0.7875＝3.15と、ちゃんと円周率を計算したわけでもないのにかなり正解に近い数値を導くことが可能です。これは**モンテカルロ法**といって、**近似値を素早く入手する手法**の一つです。もちろん、試行回数が多くなるほど、正解に近くなる確率が上がります。

相関関係と因果関係

2つの出来事AとBがあり、**Aが増えるとBも増える**、あるいは**Bが減るとAも減る**、**Aが増えるとBは減る**といった関係を**相関関係**といいます。何かのつながりがあるわけです。

相関関係のうち、**Aが起こると、それにつられてBが起こる**といった事象を特別に**因果関係**といいます。この場合、**Aが原因でBが結果**です。**因果関係を見抜くこと**はデータを分析する上でとても重要ですが、ただの相関関係ととても間違えやすいです。これを説明するためにすごくよく使われる例にアイスの消費量と溺死者数の関係があります。

一般的にアイスの消費量が増えると溺死者数も増えます。これをもって「因果関係がある！」と考えてしまいがちなのです。しかし、わたしたちがアイスを食べるのを我慢すれば、溺死者数が減るのでしょうか。因果関係があるならそうなるべきですが、そんなことはありません。つまり、**アイスの消費量と溺死者数の間には因果関係はありません**。これは**夏の暑さ**という**第三の要因**があって、アイスの消費量と溺死者数は「夏の暑さ」に結びついています。

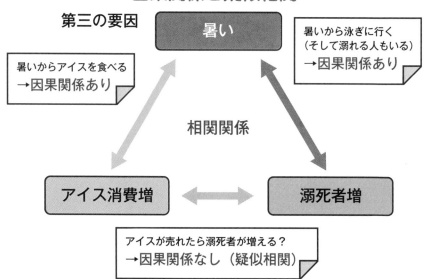

この場合は「夏の暑さ」が検討から漏れていたので、アイスの消費量と溺死者数には**何の因果関係もないのに、あるように見えてしまった**のです。この関係のことを**疑似相関**といいます。この例はわかりやすいので容易に「おかしいな？」と気づきますが、社会の様々な場面で疑似相関に気づかず、間違った分析をしている例が後を絶ちません。

　その他にも「**因果が逆**」などの可能性もあります。

・**プログラミング教室をやったら、子どもたちはみんな楽しんでくれた！ 子どもたちはプログラミング教育が好きなんだ！ よし、プログラミング教育を必修化すれば、楽しく学んで学力も向上だ！**

と思ったとします。でもひょっとしたら、この調査をしたプログラミング教室には、そもそもプログラミングが好きな子どもしか集まっていなかったのかもしれません。お休みの日にわざわざお金を払ってプログラミング教室に通うなんて、嫌いな子はしないと思うんです。すると、**この分析は因果関係を逆にしている可能性**があります。

・**そもそもプログラミング好きの子が集まった**
　→　プログラミング教室を楽しんだ
　（プログラミング教育を好きじゃない子は、たくさんいるかもしれない）

　新聞や雑誌の報道などでも、疑似相関を真に受けてしまったり、因果関係を逆に観測してしまったりといったことは目にすることがあります。この本は勉強に使う本なので、わかりやすい間違いや極端な例をあえて挙げています。だから、「自分はそんな間違いはしない」って笑ってられるんですけど、微妙な事例になるとけっこう間違えちゃうんです。

　さっきのアイスの話だって、卒論の締め切りが迫ってきた学生さんなんかですと、「いや、アイスが原因で溺死者が増えているとしか思えない。これはきっと呪いのアイスなんだ」とか「溺死者が原因でアイスの消費量が増えている。この文化圏には死者を弔うためにみんなでアイスを食べる風習があるに違

いない」などと言い出します。

　みなさんはデータを分析する力を身につけて、「おや？　これはちょっとおかしいのではないかな」と気づける人になっていただければと思います。そうしたら、間違った行動をしたり、お金や時間を無駄に使ってしまう可能性を減らすことができるでしょう。

　因果関係があることがわかると、**2つの事象の関係を数式で表せる**ようになります。もっともシンプルなのが**単回帰分析**です。関連する事象の数が増えて、yを説明するためにはx_1とx_2が必要だぞとなると**重回帰分析**といいます。

　先ほどの例で言えば、気温（x：**説明変数**）が高くなると、アイスの消費量（y：**目的変数**）が増える因果関係が成立しているのであれば、過去のデータを集積することで**回帰式**を得ることができます。回帰式はExcelなどで求めることができるので、是非試してみてください。

　たとえばこのような回帰式が得られたとして、

$$y \ = \ 5x \ + \ 100$$

　「今日の気温は30度だから、250個アイスが売れるはずだ。そのつもりで仕入れをしよう」と仕事に活用することができます。

　もちろん集めた**データに偏り（バイアス）**があったり、**外れ値**などがあったりして、得た回帰式の通りに物事がまわらないことは多々あります。

　どのような仮説を立てた場合でも、**その仮説が正しいのか、間違っているのか、統計的な考え方に基づいて判断する仮説検定**を行うことが重要です。

練習問題にチャレンジ

問1 次の先生と生徒（Ｋさん）の会話文を読み，空欄 ┃ サ ┃ ～ ┃ セソ ┃ に
当てはまる数字をマークせよ。

Ｋさん：先生，今読んでいるネットワークの本の中に192.168.1.3/24という
記述があったのですが，IPアドレスの後ろに付いている「/24」は何を
意味しているのですか？

先　生：それは，ネットワーク部のビット数のことだね。

Ｋさん：ネットワーク部ってなんですか？

先　生：IPv4方式のIPアドレスでは，ネットワーク部によって所属す
るネットワークを判別することができるんだ。例えばIPアドレス
192.168.1.3/24の場合，ネットワーク部のビット数は24で，IPアドレ
スを二進法で表した時の最上位ビットから24ビットまでがネットワー
ク部という意味だ。図で表すと次のようになり，ホスト部を0にした
ものをネットワークアドレスと呼び192.168.1.0/24と表すんだ。

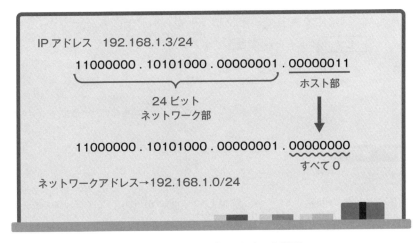

図2　先生がホワイトボードに書いた説明

Kさん：ここに書いてあるホスト部ってなんですか？

先　生：このネットワークに接続するコンピュータなどに割り当てる固有の番号のことだよ。

Kさん：この場合は，番号が3ということですか？

先　生：その通りだ。 サ ビットで表される数のうち，0にしたものはネットワークアドレスとして使用されるし，すべてのビットが1である255は管理目的で使用するため，このネットワークにはホスト部として1〜254までの254台のネットワーク機器を割り当てることができるんだ。この考え方でいくと，ネットワーク部のビット数を変えることで，同じアドレスでもネットワークの規模を変えることができるんだよ。例えば，192.168.1.3/ シス が割り当てられているコンピュータが接続するネットワークには，何台のネットワーク機器が接続できるかな？

Kさん：0とすべてのビットを1にしたものが利用できないから，256×256－2で65,534台ですか。

先　生：そうだね。一見同じようなアドレスでもネットワークの規模が異なることになるね。では，172.16.129.1と172.16.160.1が同じネットワークに属していると考えるとネットワーク部のビット数は最大何ビットにすることができるかな？

Kさん：二進法で表して最上位ビットから同じところまでだから，最大 セソ ビットということですか。

先　生：よく理解できたようだね。

（令和7年度「情報」サンプル問題）

解説・解答

問1 の解説

　IPアドレスの問題というか、解説しつつ問いかけもしてくるというタイプの設問です。情報の国家試験もこういうタイプが多いんです。説明したいのか、試験したいのか、どっちの欲望も勝ってしまったんでしょう。

IPアドレスも電話番号と同様にアドレスを階層化することで、大規模通信をしやすくしています。電話番号の場合は、国番号＋市外局番＋市内局番＋加入者番号にすることで、番号の一部を見るだけで「おお、東京にある電話か！」とわかるようになっています。

　IPアドレスはネットワーク部とホスト部を分けることで、同じことを実現しています。ネットワーク部でどのネットワークかを示し、そのネットワークの中のどのコンピュータかはホスト部で示します。

　この場合、ネットワーク部とホスト部の分かれ目がどこかが重要なのですが、電話番号のようにかっこやハイフンは使わず、別の方法で表します。サブネットマスクはその代表的な方法です。ここで示されているのは、プリフィックスといって、32ビットのIPアドレスのうち先頭24ビットがネットワーク部であることを表しています。

　それを踏まえて空欄サを見ると、IPアドレスのうちホスト部の説明をしていると書いてあります。ホスト部はそのネットワークの中にあるコンピュータ（ホストと呼ぶのでした。パソコン以外にルータなどの通信機器も含まれます）に番号をつける役割を果たしていました。このホスト部が2進数で考えたときに全部0だったときはネットワークそのものの番号を、全部1だったときは管理用の特別の意味を持つんだと書いてあります。それ以外の番号がネットワーク機器に割り当てられるわけです。

　で、そのホスト部が何ビットかを答えろというわけです。これ、簡単です。全体が32ビットで、ネットワーク部が24ビットなんですから、引き算して残りの8ビットが正解になります。

　本当は簡単なのに、難しそうなお話を織り交ぜて難解に見せるのは、出題者がよく使うテクニックです。振り回されないようにしましょう。

問1 ┃ ウ ┃ の解答 …… 8

　┃ シス ┃ はどうでしょうか。

　ホスト部のアドレスが65534使えるって書いてあります。ネットワークそのもののアドレスを表す0と、管理用の65535を加えるとアドレスの範囲は0〜

65535となります。これって、16ビットの2進数が表せる範囲ですよね。

　問題文中にヒントも書いてあるんです。アドレス数を計算する式を256×256と示してくれているので、「256（2進数8桁分）×256で、2進数16桁ぶんかぁ……」とわかるしくみになっています。

　これで、この話題におけるホスト部が16ビットであることがわかりました。実は難しい問題だったら、ここは引っかけになるところです。空欄シスで答えさせているのは「ネットワーク部の長さ」なので、32 − 16としなければなりません。しかし、この場合は32 − 16 ＝ 16なので、勘違いしてホスト部の長さを書いてしまった人も正解になります。優しい出題者ですね。ただ、力の差が出なくなっちゃうので、本番ではこういう出題はしません。

問1 ┃ シス ┃ の解答 …… 16

　┃ セソ ┃ は私にとっても難問です。これ、どっちも2進数に直さないと考えを進めることができません。若い頃にゲームをやり過ぎて老眼になるのが早かったので、0と1が並んでいるのを見ると目がしょぼしょぼするんです。

172. 16. 129. 1　　ブロックごとに2進数に直していきます。
10101100　00010000　10000001　00000001
172. 16. 160. 1
10101100　00010000　10100000　00000001

10101100　00010000　10000001　00000001
10101100　00010000　10100000　00000001

　両者を見比べたときに、「同じネットワークに所属している！」と判断したのですから、ネットワーク部の番号が同じでないといけません。ネットワーク部の長さをなるべく長くするように、というのが設問の条件ですが、19桁目から両者のアドレスが違ってきてしまいます。つまり、ネットワーク部の長さは最大で18桁（18ビット）です。

◎問1 ┃ セソ ┃ の解答 …… 18

索 引

197

● 著者プロフィール

岡嶋 裕史（おかじま ゆうし）
中央大学大学院総合政策研究科博士後期課程修了。博士（総合政策）。富士総合研究所勤務、関東学院大学准教授、同大学情報科学センター所長を経て、中央大学国際情報学部教授／政策文化総合研究所所長。基本情報技術者試験（FE）科目Ａ試験免除制度免除対象講座管理責任者、情報処理安全確保支援士試験免除制度学科等責任者。内閣府、総務省、警察庁、警視庁、特許庁等各会議の委員、構成員。教育テレビ スマホ講座講師、クローズアップ現代、ワールドビジネスサテライト、日経ニュース9、市民X、子ども科学電話相談等出演。近著に『メタバースとは何か』『Web3とは何か』（光文社新書）、『思考からの逃走』『プログラミング／システム』（日本経済新聞出版）、『ブロックチェーン』『5G』（講談社ブルーバックス）、『合格教本シリーズ』『はじめてのAIリテラシー』（技術評論社）、『機動戦士ガンダム ジオン軍事技術の系譜シリーズ』（角川コミックス・エース）等多数。

カバー	● 小野貴司（やるやる屋本舗）
本文制作	● BUCH$^+$
本文イラスト	● ふじたきりん

やさしくわかる

岡嶋裕史の情報Ⅰ教室

2024年2月28日　　初版　第1刷発行

著　者　　岡嶋裕史
発行者　　片岡 巌
発行所　　株式会社技術評論社
　　　　　東京都新宿区市谷左内町 21-13
　　　　　電話　03-3513-6150 販売促進部
　　　　　　　　03-3267-2270 書籍編集部
印刷・製本　日経印刷株式会社

定価はカバーに表示してあります。

ISBN978-4-297-14021-2 C7004

Printed in Japan

● 本書に関する最新情報は、技術評論社ホームページ（https://gihyo.jp/）をご覧ください。

● 本書へのご意見、ご感想は、技術評論社ホームページ（http://gihyo.jp/）または以下の宛先へ書面にてお受けしております。電話でのお問い合わせにはお答えいたしかねますので、あらかじめご了承ください。

〒162-0846
東京都新宿区市谷左内町 21-13
株式会社技術評論社書籍編集部
『やさしくわかる 岡嶋裕史の情報Ⅰ教室』係
FAX：03-3267-2271